Conhecendo a UMBANDA
dentro do terreiro

DOUGLAS RAINHO

CONHECENDO A UMBANDA
DENTRO DO TERREIRO

NOVA SENDA

CONHECENDO A UMBANDA: DENTRO DO TERREIRO
Copyright© Editora Nova Senda, 2018.

Editor: Décio Lopes
Revisão: Luciana Papale

DADOS INTERNACIONAIS DE CATALOGAÇÃO NA PUBLICAÇÃO

Rainho, Douglas

Conhecendo a Umbanda: Dentro do Terreiro / Douglas Rainho
2ª edição – São Paulo – Editora Nova Senda, 2021.
Bibliografia.

ISBN 978-85-66819-23-6

1. Religião 2. Umbanda I. Título

Proibida a reprodução total ou parcial desta obra, de qualquer forma ou por qualquer meio, seja eletrônico ou mecânico, inclusive por meio de processos xerográficos, incluindo ainda o uso da internet sem a permissão expressa da Editora Nova Senda, na pessoa de seu editor (Lei nº 9.610, de 19.02.1998).

Direitos exclusivos reservados para Editora Nova Senda.

EDITORA NOVA SENDA
Rua Jaboticabal, 698 – Vila Bertioga – São Paulo/SP
CEP 03188-001 | Tel. 11 2609-5787
contato@novasenda.com.br | www.novasenda.com.br

Dedico este estudo – o grande presente que ganhei de Deus e prova viva de que a espiritualidade existe e é atuante em nossas vidas – a meu filho, Jorge Ignácio, pois amor como esse não existe, sou muito feliz por você ter me escolhido como seu pai.

Agradecimentos

Agradeço a todos que colaboraram de alguma forma, para que este estudo – compilado em um livro – fosse possível.

À minha família nas figuras de minha mãe, Rute, que me educou para que me tornasse quem sou hoje e que, por muitas vezes, abriu mão de seu próprio conforto para me proporcionar felicidade. Bárbara, minha irmã, que por muitas vezes me aguentou nos momentos mais chatos da minha personalidade. Tia Regina, grande mentora e responsável por me ingressar nos estudos espirituais.

Agradeço também a todos meus amigos e aos leitores do meu blog *Perdido em Pensamentos*, que acreditam no meu trabalho. Assim como a Peterson Danda, por confiar no meu trabalho e me permitir utilizar alguns de seus textos, e a meu amigo Luiz Henrique, que aguentou as barras no trabalho material enquanto eu escrevia este livro.

E um agradecimento especial à Casa de Caridade Nossa Senhora Aparecida, seus dirigentes, trabalhadores e amigos. Assim como toda a espiritualidade, por ter me proporcionado grandes ensinamentos.

Sumário

Prefácio 13
Introdução 16

Parte 1 – A Umbanda 19
1. O que é a Religião de Umbanda? 21
2. Deus, Deuses e Divindades 24
3. Orixás e as Sete Linhas da Umbanda 27
4. As Sete Linhas da Umbanda e seus Patronos 30
   1ª Linha de Oxalá 30
   2ª Linha de Ogum 32
   3ª Linha de Oxóssi 34
   4ª Linha de Xangô 35
   5ª Linha de Iansã 37
   6ª Linha de Iemanjá 38
   7ª Linha das Almas 40
5. Outros Orixás que se Manifestam na Umbanda 43
   Oxum 44
   Oxumaré 46
   Nanã Buruquê 47
   Ibeji 48

6. Linhas de Trabalho (Entidades) 50
   Caboclos 51
   Pretos-velhos 54
   Crianças 57
   Baianos 59
   Boiadeiros 61
   Marinheiros 63
   Sereias e Caboclas d'Água 64
   Ciganos 65
   Oriente 67
7. Linha da Quimbanda: Exus e Pombagiras 70
   Exu 70
   Pombagira 74
8. Os Nomes Simbólicos dos Guias Espirituais 76

PARTE 2 – ESPIRITUALIDADE E MEDIUNIDADE 79

9. Mundo Espiritual 81
10. Lei de Causa e Efeito 84
11. Manifestações Espirituais 86
12. Evolução Moral e Intelectual – Reforma Interior 88
13. Mediunidade 91
14. Fenômenos 96
15. Animismo 97
16. Mistificação 99
17. Obsessão 101
18. Exageros e Condutas Erradas 103
19. Passe Magnético e Energético 107

PARTE 3 – PRÁTICAS DE TERREIRO 109

20. O Terreiro 111
    A Tronqueira 112
    O Congá 113
21. A Curimba e os Pontos-Cantados 116
22. Uso de Ervas 118
    Defumação 119
    Banhos 121
    Outros Usos 123
23. Materiais Ritualísticos 126
    As Velas 127
    Pembas 129
    Fitas e Palha-da-costa 129
    Punhal 130
    Cuia ou Cuité 131
    Perfume 132
    Talco 132
    Cristais 133
    Charutos, Cigarros e Cachimbo. 133
    Maracá 134
    Guias, Fios de Conta e Colares. 135
24. Oferendas 137
25. Firmezas e Assentamentos 141
26. A Magia e os Pontos Riscados 143

    APÊNDICE 1 – Material de Apoio do Blog 147
    APÊNDICE 2 – Textos de Colaboradores do Blog 175
    APÊNDICE 3 – Encantados 186
    BIBLIOGRAFIA 189

Prefácio

"Conheci Douglas Rainho há alguns anos". Sim, coloco entre aspas, porque nunca tivemos a oportunidade de nos encontrarmos pessoalmente, mas, graças a imensidão do mundo virtual, que elimina fronteiras físicas e faz com que as afinidades de ideal e sentimento nos aproximem de uma forma muito mais fácil que antigamente, tivemos nossos caminhos cruzados. Foram incontáveis horas debatendo sobre nossas experiências e tropeços no caminho da espiritualidade e sobre como nossas visões sobre a Umbanda se relacionam com tudo que está ao nosso alcance e como, mesmo com um excesso de informações disponíveis, é difícil encontrar algo de confiança, que não seja manipulado ou distorcido por interesses diversos, a maioria deles, distantes do que o grande Caboclo das Sete Encruzilhadas nos deixou como ensinamento.

Quando Douglas me fez o convite para prefaciar sua maravilhosa obra, comecei a refletir sobre o que escrever, e acabei repassando todas as memórias que tenho sobre a Umbanda e como nossa religião mudou a minha vida. A lembrança mais antiga que tenho remete aos meus seis anos de idade, na sala da minha casa, quando um tio querido incorporou pela primeira vez na minha frente uma entidade. Não entendia direito o que era aquilo, no início fiquei assustado, mas depois fui achando simpática aquela nova forma de expressão que ele assumiu, um vôzinho gentil e divertido que adorava contar histórias por horas a fio, e que também ajudava a amenizar a febre do meu irmãozinho ainda bebê com suas "mandingas".

Com o passar dos anos, tive muitos outros contatos agradáveis e nem tão agradáveis com os praticantes dessa religião e, principalmente na minha adolescência, muitas dúvidas me perturbavam e intrigavam. Eu adorava visitar os Terreiros e ter contato com as entidades, mas sentia falta de compreender os fenômenos que ali aconteciam e o que eu sentia quando ali estava.

Com o advento da modernidade, esta mesma que me aproximou virtualmente do autor, muitas das dúvidas que eu tinha naquela época ficaram fáceis de serem respondidas, basta que você jogue o termo certo em um buscador na internet e milhares de páginas surgirão com as mais diversas respostas, inclusive com posições contrárias e contraditórias. Bem diferente de como as coisas eram no tempo da minha adolescência, em que, para ter alguma resposta sobre as nossas dúvidas, era preciso conversar diretamente com as entidades ou então fazer parte de uma corrente mediúnica, pois muitas das informações eram reveladas apenas para os que estavam desenvolvendo sua mediunidade.

É claro que hoje os tempos são outros, e para a Umbanda não há mais espaços para esse comportamento de velar informações, precisamos sim ter acesso a elas e sanar nossas dúvidas, mas também não podemos acreditar que apenas o mundo virtual vai responder todas as nossas perguntas, esquecendo assim a parte importante e gostosa que é pôr o pé no chão do Terreiro e ter um bom bate-papo com uma Preta-Velha.

Foi com base nessa dificuldade, de ter uma boa fonte de indicação para aqueles que se deparam inicialmente com a Umbanda e que, a exemplo de como eu era em minha adolescência, estão sedentos por informações, que surgiu este livro. E é isso que o leitor encontrará nas páginas que o esperam: uma visão simples, direta e sem dogmas sobre a Umbanda, escrita por alguém que uniu o acúmulo de informações disponíveis hoje, com o filtro da experiência de anos com o pé no chão dos Terreiros, sem invenções ou fantasias.

Ao ler este livro, ao invés de acreditar que você já sabe tudo sobre Umbanda, vai perceber o quanto essa religião é maravilhosa e cheia de mistérios, que só poderão ser aprendidos e revelados justamente vivenciando-os na prática. Aqui você acessará uma base de informações que irão ajudá-lo a compreender os princípios básicos da Umbanda, deixando-o apto a vestir o branco, pisar no solo sagrado do congá e entregar-se inteiramente a vivência mágica que o Terreiro lhe proporciona.

Caso você já tem alguma vivência ou experiência com a Umbanda, esvazie seu copo e abra seu coração para novos conceitos e experiências, pois na Umbanda não há verdades absolutas, mas sim, um universo infinito de possibilidades.

Saravá a todos e todas, e que Oxalá nos abençoe!

Peterson Danda

Introdução

Há algum tempo venho escrevendo sobre Umbanda e espiritualidade de modo geral. Em meu blog, procuro indicar, dentro daquilo que vivenciei e estudei, o que as pessoas devem estudar e onde procurar, facilitando um pouco toda essa busca pelo conhecimento e entendimento.

Existem diversas obras sobre a Umbanda, com temáticas das mais variadas, em suas inúmeras vertentes, porém, por muitas vezes, tive dificuldades em indicar um livro para os iniciantes; leigos ou não. O conteúdo disponibilizado acaba sendo complexo em sua maioria, ou se afeiçoam a sua vertente em si, não deixando espaço para o diálogo entre as diversas Umbandas que existem.

Com essa ideia na cabeça veio a oportunidade de escrever um livro despretensioso e totalmente voltado ao público iniciante, com uma temática aberta, baseada em minhas experiências pessoais com a Umbanda e nos estudos que até então pude realizar. Não vou taxar este livro como vertente x ou y, apenas demonstro aqui meu ponto de vista que, com certeza, em alguns momentos pesará um pouco para o estilo que a Casa Espiritual em que trabalho adota.

Nunca tive a pretensão de ser o detentor da verdade. Com as informações aqui contidas, mantenho o devido respeito com as mais diversas formas de manifestação dentro de nossa Umbanda.

Espero que este livro seja um ponto de partida para uma vivência e estudo mais aprofundado para aqueles que procuram conhecimento sobre essa nossa tão linda religião brasileira.

Que os Orixás nos amparem e tenham para conosco paciência.

Douglas Rainho

Aviso Anterior: Uso de Obras de Allan Kardec

Muitos umbandistas dizem que a Umbanda tem sua própria literatura e doutrina, e que não cabem em suas explicações as obras ditas kardecistas. Eu, por ter também uma formação espírita, discordo plenamente.

Allan Kardec, ao codificar a Doutrina dos Espíritos, não a formatou como uma religião, o que veio acontecer depois, principalmente no Brasil, devido à influência de ex-católicos que ingressavam em seus princípios.

A Doutrina dos Espíritos codificada por Kardec é aplicável em qualquer local onde haja a intercomunicação com o mundo espiritual. São informações valiosas, com cunho científico[1] e pautadas no bom senso. Porém, faço um alerta! Analise as obras de Kardec com a visão da época em questão, com seus motes morais e sociais, utilizando seu raciocínio para trazer essas informações até o presente.

Infelizmente, os espíritos não puderam descortinar tudo na época de Kardec; a população ainda não estava preparada.

---

1. Científico aqui não implica no método científico pós século 20, mas em um estudo empírico das manifestações.

Diversos outros escritores, tendo como destaque Chico Xavier, trouxeram mais informações sobre o mundo espiritual desde então.

Entretanto, não se prenda somente a Chico Xavier ou Allan Kardec. Expanda sua mente, leia de tudo, mas; não aceite tudo. Procure exercitar seu discernimento e seu senso crítico. Existem bons escritores no mercado literário, no entanto, eles ainda são humanos, cabíveis de erros e preconceitos, assim como este que vos escreve.

PARTE 1

A UMBANDA

1

O que é a Religião de Umbanda?

A palavra religião vem do latim *Religare*, que significa religar; é o ato de religar-se às fontes divinas ou a Deus.

Existe, no entanto, certa confusão entre ter religião e ter uma postura religiosa. Para exercer a religiosidade não é necessário ter religião. Ser religioso é ter uma atitude altiva, procurando evolução e melhoramento por meio de escolas filosóficas ou mesmo religiosas.

É amplamente aceito que a Umbanda foi trazida ao plano material através da mediunidade de Zélio Fernandino de Morais, no dia 15 de novembro de 1908, em Niterói, Rio de Janeiro. Essa é uma história difundida, em que, o jovem Zélio, em uma reunião na Federação Espírita, acaba por incorporar o espírito do Caboclo das Sete Encruzilhadas, que trazia voz aos espíritos ditos como atrasados e relegados nas reuniões espirituais.

Contudo, em outras vertentes, é aceito que a Umbanda seja bem mais antiga, podendo ser trazida da África ou de terras mitológicas, como Atlântida e Lemúria. Apesar de respeitar essas visões, creio que aqui estamos falando da religião oficialmente instituída. Alguns questionam isso, pois já havia manifestações de Pretos-velhos e Caboclos em outras vertentes espiritualistas, porém, não com as mesmas características da religião que conhecemos hoje. Até mesmo a Umbanda instituída por Zélio sofreu modificações com o passar do tempo, até chegar ao formato que conhecemos, com os atabaques, pontos cantados, incorporações, Orixás, etc.

A Umbanda é uma religião rica em rituais: casamentos, batizados, ritos de confirmação dos médiuns, consagrações na natureza, dentre outros, fazem parte de sua liturgia e cultura religiosa. O templo umbandista é comumente chamado de Terreiro, Tenda, Cabana ou Centro. Trata-se de uma religião monoteísta, ou seja, é aceito que existe um Deus único – que pode ser chamado de Olorum, Zambi, Tupã, etc. –, e que os Orixás são as manifestações divinas das muitas facetas desse Deus. É pregada a evolução tanto de forma moral, mediante a caridade, melhoramento interior, postura e conduta, quanto à evolução intelectual, por meio do conhecimento e aprimoramento do intelecto nas coisas de Deus. Seus praticantes não cobram por "trabalhos", não matam animais, não usam magias negativas ou demandas contra as pessoas, muito menos amarrações amorosas. Pratica-se integralmente o BEM.

A Umbanda conciliou diversas características culturais do povo que formou a nação brasileira. Sofreu influências indígenas advindas da Pajelança, Jurema e Catimbó, do culto de Encantados, da manifestação dos espíritos da natureza, do trabalho próximo à natureza, das ervas e elementos encontrados na mata. Teve influência africana, com a magia dos antepassados – o culto àqueles que já foram – a sabedoria dos anciãos, a mitologia dos Orixás e o uso de elementos ritualísticos próprios da cultura africana. E ainda há o impacto claro da magia europeia, do catolicismo e do próprio espiritismo, ou seja, um amalgama cultural da mesma forma que se deu com o povo brasileiro. Por isso podemos dizer que a Umbanda é uma religião tipicamente brasileira, o que em nada desmerece a religião, pelo contrário, ela é a confirmação de que todos cultuam a mesma divindade maior, DEUS, com ritualísticas bem assemelhadas.

Lembrando sempre da famosa frase do Caboclo das Sete Encruzilhadas:

A Umbanda é a manifestação do Espírito para a Caridade.

2

Deus, Deuses e Divindades

Há quem conteste a Umbanda, dizendo que os seus adeptos adoram muitos deuses, sendo então uma religião politeísta. Isso está longe da verdade. Na Umbanda, cultuamos apenas ao Deus Criador, o mesmo que outras religiões cristãs, porém, com uma nomenclatura diferente, podendo ser: Zâmbi, Olorum, Tupã, Deus, Olorumilá, Olodumaré, etc.

Dizem ainda que tratamos os Orixás como deuses. Orixás não são deuses, mas manifestações de Deus. São atributos divinos criados e emanados, energias geradoras e naturais que sustentam a criação de Deus em suas múltiplas facetas, e são alinhados conforme as suas forças. Orixás não têm formas físicas, como podemos querer ser levados a crer, são energias emanadas por Deus para dar suporte a toda sua criação. É como se fossem a individualização de um aspecto de Deus.

Nós, seres humanos, somos muito limitados para tentar conceber e cultuar de forma adequada essas manifestações, então as personificamos por intermédio de mitos, lendas e ídolos. Criamos "formas" para os Orixás, histórias e sincretizamos com aquilo que já conhecemos – como ocorreu com os santos católicos.

Os escravos africanos[2] ao chegarem a terras latino-americanas, não podiam cultuar seus "deuses" livremente. Seus senhores de então os forçavam a irem à igreja e a se converterem à crença dominante na época em questão, que era o catolicismo. Afora isso, eles eram destituídos de heranças culturais. Os senhores pegavam indivíduos de tribos e nações diferentes e os misturavam para que perdessem suas identidades, desfazendo o núcleo que os mantinham unidos, evitando assim, revoltas em suas terras.

Os Sacerdotes Africanos de então, inspirados pelo Alto, com toda certeza, começaram a procurar algo que os ligavam. Encontraram esse elo na adoração de seres superiores de suas nações, chamando-os de Orixás, Inquices ou Voduns, dependo de seu lugar de origem.

Desta feita, constataram então a similaridade de seus cultos. Em determinado local, existia o Orixá que trabalhava o ferro, abria os caminhos e era o guerreiro. Em outro, encontravam o mesmo arquétipo, porém com um nome diferente, levando-os a concluir se tratar da mesma força da natureza.

Os africanos trazidos como escravos tinham, dentre eles, sacerdotes e iniciados nos cultos a esses seres superiores – Orixás, Voduns e Inquices –, e começaram a criar artifícios para seus filhos cultuarem suas divindades nativas. No meio da noite, em trabalhos reservados, o filho era levado até uma mata, rio ou cachoeira e lá procurava uma pedra, que chamavam de Otá, e a consagrava a seu Orixá protetor.

Ao encontrar a pedra, o filho pegava uma imagem de um santo católico, feito anteriormente, semelhante e de acordo com

---

2. Uso dessa nomenclatura, pois no começo da colonização também havia escravos indígenas.

os das lendas dos Orixás, e acabava por cultuar essa imagem. Quando o escravo africano ajoelhava perante a imagem e batia a cabeça no chão em reverência, estava cultuando a Otá dentro da imagem e não a imagem. Surgia assim o sincretismo com os santos católicos, além dos aspectos arquetípicos e psicológicos de cada um.

3

Orixás e as Sete Linhas da Umbanda

Uma das influências africanas na Umbanda é a adoção dos Orixás como manifestação dos sentidos e atributos de Deus. O panteão africano é enorme, com muitos Orixás, alguns até com nomes desconhecidos e outros esquecidos ao longo dos séculos.

Devemos lembrar sempre de que a Umbanda é uma religião espiritualista de cunho magístico, ou seja, a magia faz parte de sua espinha dorsal e não pode ser destituída disso, pois se tornará outra coisa que não Umbanda.

Existem diversas formas de categorizar os Orixás: por meio de linhas de ação, dos Orixás mais cultuados, de linhas de trabalho, de Tronos ou de conceitos.

A Umbanda Tradicional acaba por comumente adotar os seguintes Orixás: Oxalá, Ogum, Oxóssi, Xangô, Iansã, Oxum, Nanã, Omulu e Iemanjá.

Outras vertentes, como a Esotérica, por exemplo, associa os Orixás às Sete Linhas da Umbanda, categorizando-os por: Linha de Orixalá, Linha de Ogum, Linha de Oxóssi, Linha de Xangô, Linha de Yori, Linha de Yorimá e Linha de Iemanjá.

A Umbanda Sagrada traz a ideia dos tronos de Deus formando as Sete Linhas: Trono da Fé (Oxalá e Logunam), Trono do Amor (Oxum e Oxumaré), Trono do Conhecimento (Oxóssi e Obá), Trono da Lei (Ogum e Iansã), Trono da Justiça (Xangô e Oro-Iná), Trono da Evolução (Obaluayê e Nanã Buruquê) e Trono da Geração (Iemanjá e Omulu).

Aqui abro um parêntese. Existem diferenças entre linhas de trabalho, as Sete Linhas de Umbanda e os Orixás que nelas se manifestam. Essa quantidade de classificações se dá pela necessidade de encaixar todos os Orixás dentro das Sete Linhas. Essa classificação depende muito da Casa em que você está inserido, mas, as Sete Linhas, da forma como eu conheci, não são Sete Orixás.

Outra questão é que existem diferenças no culto aos Orixás das religiões de Nação, Candomblé e a Umbanda em si. Alguns preceitos que os irmãos do Candomblé adotam são totalmente diferentes na seara umbandista, mas isso acontece por qual razão?

Para essa pergunta, acredito que a resposta esteja no mundo dos Encantados. Os Orixás da Umbanda não são os mesmos da África, mas sim entidades Encantadas – ou, como são chamados, Encantados – que atuam na mesma vibração dos Orixás africanos, assumiram esses nomes, mas são originários aqui da nossa Terra (ver Apêndice 3 para saber mais sobre os Encantados).

Sendo assim, o Orixá Ogum aqui cultuado não é o Ogum Africano, mas sim um Encantado que tem os mesmos atributos do Ogum Africano – porém não carrega todos seus preceitos e proibições – e que aceitou adotar o nome Ogum.

Essa questão começa a ficar mais clara com a vivência nas manifestações dos mesmos, em suas obrigações, entregas, oferendas e, com o passar do tempo, na vivência mediúnica.

Vejamos só um exemplo: Obaluayê e Omulu em suas oferendas recebem a pipoca, porém o milho é um elemento que só veio a ser conhecido depois do descobrimento da América. Como então o povo africano usaria o milho e a pipoca para cultuar esse Orixá? O mesmo se dá com outros elementos como farinha de milho, farinha de mandioca, abóbora, pimenta e muitos outros.

Justamente por não se tratar da mesma entidade – apesar de esses Encantados manipularem a mesma energia – é que não existem quizilas ou obrigações de santo na Umbanda.

Isso pode ter ficado um pouco velado com o passar dos anos, visto que a Umbanda é uma religião jovem. Porém, devemos ser levados a uma reflexão mais profunda a respeito dessa simbologia e procurar maior compreensão sobre o mundo dos Encantados, dos quais muitos se manifestam em nossas giras e sessões.

As Sete Linhas de Umbanda são as direções sobre as quais a religião trabalha dentro dos cultos e atendimentos. São as forças evocadas, as regências de poderes e afins. Apesar de existirem diversas organizações, a que eu levo mais em conta e trabalho é a clássica citada por Leal de Souza em sua obra *O Espiritismo, a Magia e as Sete Linhas de Umbanda* descrita no ano de 1933: Oxalá, Ogum, Oxóssi, Xangô, Iansã, Iemanjá e Linha das Almas ou dos Santos.

As outras linhas, de uma forma ou de outra, acabam se entrecruzando com essas forças principais, gerando as linhas secundárias, as de trabalho, e suas similaridades. Na Umbanda, o uso desses Orixás para denominar as sete linhas não quer dizer que os demais Orixás sejam secundários, serve apenas para direcionar e dar conhecimento sob quais aspectos cada uma trabalha. A linha do Oriente, a linha dos Ibejis ou Eres, dentre outras, também fazem parte da religião e mística umbandista.

4

As Sete Linhas da Umbanda e seus Patronos

Todas as linhas são encabeçadas por patronos e se desdobram em falanges e legiões. Então, o número de subdivisões que podem ser feitas é imenso. Vamos aqui abordar um pouco sobre essas linhas, apresentando-as de forma sutil com um pouco da simbologia utilizada, elementos, oferendas e analogias.

1ª Linha de Oxalá

A linha de Oxalá traz o sincretismo com Jesus de Nazaré. Representa a Paz e a Pureza espiritual. É a ascensão do ser humano, buscando Deus em sua forma mais pura. Jesus é uma figura mítica que carrega muita sabedoria, bondade e amor em suas histórias. Pregando sempre por meio de parábolas e exemplos, trouxe a visão do homem comum podendo chegar até a glória do Criador. Oxalá, por sua vez, é o primeiro Orixá, cabendo a ele ser o gestor desse nosso Planeta e da humanidade que nele tenta fazer cumprir suas programações encarnatórias.

É dito pela lenda que foi Oxalá quem criou o ser humano, por intermédio da lama primordial extraída dos reinos de Naná

Buruquê. É o Orixá do Branco, trazendo a pureza como condição espiritual. Logo, sua cor é o branco, e as comidas ofertadas a esse Orixá também trazem essa coloração.

Os Espíritos que se apresentam nessa linha seguem a característica da humildade, da fé e da bondade. São comuns nessa linha as manifestações dos Pretos-velhos ou Pais-velhos, assim como de frades, freis e padres.

Dentro das falanges que compõe essa linha encontramos santos, espíritos puros elevados, freis, freiras, padres, entidades médicas, soldados da fé, almas santas – incluindo Pretos-velhos, etc. Todos seguem a linha energética da Fé, da Paz, da Pureza Espiritual e combatem suas subversões e degradações.

Elementos da Linha de Oxalá

- COR: branco.
- ELEMENTO: éter, espaço.
- PEDRA: quartzo-transparente (cristal de rocha).
- MINÉRIO: ouro.
- CAMPOS DE ATUAÇÃO E ATRIBUTOS: fé, crença, religiosidade, pureza e amor divino.
- SÍMBOLOS: cruz cristã, pombo branco, peixe e estrela de cinco pontas (estrela da manhã).
- SAUDAÇÃO: Epa Babá Oxalá! Ou Atotô Abaluayê! (Eu me coloco em silêncio diante do Senhor da Terra).
- SINCRETISMO: Jesus Cristo.
- DATA COMEMORATIVA: 25 de dezembro.
- CAMPOS DE FORÇA: campos abertos.
- OFERENDAS: velas; frutas; canjica; flores brancas; coco verde e mel. Não use bebidas alcoólicas para Oxalá e tampouco elementos de origem animal (carne, pele, ovos).

São poucos os espíritos dessa linha que se manifestam incorporados, porém, eles estão sempre em todas as giras fazendo a sustentação da fé, protegendo contra os desequilíbrios do fanatismo e da mistificação, além de correntes de oração, proteção e prece.

2ª Linha de Ogum

A Linha de Ogum é composta de vários espíritos de guerreiros, soldados e servidores da Lei e da Ordem – em todas suas manifestações.

São associados à figura do soldado romano, entretanto, todos os soldados, de todas as eras, podem se enquadrar dentro dessa linha. O sincretismo adotado para Ogum foi São Jorge – o lendário soldado romano, que se convertera ao cristianismo e que, de acordo com as lendas, teria nascido na Capadócia, região que faz parte da atual Turquia. É retratado em diversas imagens e quadros como um cavaleiro derrotando um dragão.

O dragão é uma simbologia tanto do Mal, para algumas culturas, quanto da manifestação material. Uma figura composta dos quatro elementos da natureza – Terra, Fogo, Água e Ar. Sobrepujar o dragão é uma simbologia para aquele que domina as paixões terrenas e ascende a uma condição espiritualizada e santa.

Ogum, na África, tinha outros atributos além do militar. Por ser o Orixá do Ferro, a ele também são associados os domínios dos metais, das ferramentas, da agricultura, dos caminhos, da tecnologia e do progresso. É uma das legiões mais conhecidas através de seus falangeiros: Ogum Beira-Mar, Ogum Rompe-Mato, Ogum Matinata, Ogum Delê, Ogum Nagô, Ogum Naruê, Ogum Malê, Ogum Yara, Ogum Megê, Ogum Sete Ondas, Ogum dos Rios, Ogum de Ronda, etc.

Regente da Lei Maior, Ogum é também seu aplicador. Logo, os espíritos dessa linha se manifestam de forma ordenada para trazer a condução reta, para corrigir os desatinos e abrir caminhos. Evoca-se essa linha para proteção do Terreiro, para que eles encaminhem as almas desvirtuadas, para que façam certa triagem naqueles espíritos em desequilíbrio que poderão se manifestar – para serem atendidos – dentro do Terreiro, além de impedir o domínio de forças negativas.

Comumente é chamado de quebrador de demandas, pois, para a Lei Maior, não existe demanda que não possa ser destruída.

Por ser de extrema importância, antes de qualquer manifestação mediúnica é comum cantar para Ogum no começo dos trabalhos, antes mesmo da defumação. É o Orixá que "vai na frente".

Elementos da Linha de Ogum

- COR: vermelho e azul-escuro.
- ELEMENTO: Ar e Fogo.
- PEDRA: sodalita e hematita.
- MINÉRIO: ferro.
- CAMPOS DE ATUAÇÃO E ATRIBUTOS: lei, ordem, proteção e abertura de caminhos.
- SÍMBOLOS: espada, lança, escudo e instrumentos de ferro.
- SAUDAÇÃO: Ogum Yê / Ogunhê / Patacorí Ogum!
- SINCRETISMO: São Jorge.
- DATA COMEMORATIVA: 23 de abril.
- CAMPO DE FORÇA: caminhos e estradas.
- OFERENDAS: velas brancas, azuis e vermelhas; cerveja clara; palma e cravo vermelho e espada-de-são-jorge; manga espada; inhame e feijoada.

3ª Linha de Oxóssi

O Grande Caçador, em algumas lendas, é tido como irmão de Ogum. Isso é compreensível pelas qualidades que os dois compartilham. Sincretizado com São Sebastião, sua origem remonta as terras africanas, na cidade de Ketu. Segundo Pierre Verger, seu culto quase foi extinto quando os seus sacerdotes foram escravizados. Porém, em nosso país, ele tomou outra forma e ganhou força, sendo um Orixá muito popular na Umbanda por ser o sustentador de uma das linhas principais de trabalho: a dos Caboclos!

No Brasil, ele tomou as vestes indígenas depois da imediata associação com o povo que vivia na mata. Seus atributos de grande caçador traz uma ampliação de horizontes; é por meio da caça que se consegue obter o alimento que sustenta a matéria. Mas também devemos entender a caça como o alimento da alma, como educação, sabedoria e conhecimento. É tido como grande feiticeiro, conhecedor dos remédios naturais e do poder das folhas. Em algumas vertentes da Umbanda, Oxóssi tem Ossaim como seu grande colaborador.

As expedições até as matas trazem sempre novas descobertas, gerando grande conhecimento para um povo. Por essa característica, Oxóssi tem dentro de seus atributos a missão de expandir o conhecimento, não só das fronteiras físicas – nas expedições –, mas também das intelectuais, rumo ao desconhecido, sendo assim um desbravador nato. Tem ainda o atributo da abundância, da cura, dos remédios, do conselho do pajé, da força dos caçadores, da força do guerreiro, da estratégia da caçada e muito mais.

Todos os Caboclos, não importando se são de Ogum, Xangô ou outro Orixá, são sustentados pela força de Oxóssi.

Elementos da Linha de Oxóssi

- Cor: verde.
- Elemento: vegetal.
- Pedra: esmeralda, amazonita e quartzo-verde.
- Campos de atuação e atributos: conhecimento, cura, abundância e prosperidade.
- Símbolos: arco, flecha, folhas e tudo mais relacionado à mata.
- Saudação: Okê Arô! Okê Caboclo!
- Sincretismo: São Sebastião.
- Data comemorativa: 20 de janeiro.
- Campo de força: as matas.
- Oferendas: velas brancas e verdes; cerveja branca; sucos de frutas; flores do campo; frutas variadas; charutos; fitas verdes e brancas; moranga com milho dentro coberto com mel (aqui cabe uma ressalva, na Umbanda, Oxóssi aceita mel, pois não existe "quizila" na Umbanda).

4ª Linha de Xangô

Xangô é o Orixá da Justiça, porém não a que estamos acostumados aqui na Terra: punitiva e vingativa. Ele representa a Justiça Divina.

A principal função dessa linha é trazer harmonia e equilíbrio, valendo-se da razão. Seu machado com dois gumes é a representação da lei de ação e reação, pois quando se ataca, sempre há o risco de ser atacado de volta. É por isso que se diz que quando pedimos algo para Xangô, é necessário ter certeza de que o pedido é justo, pois teremos exatamente aquilo que pedimos: justiça.

Sincretizado com São Jerônimo tem nas pedreiras seu campo de força. Muitos Caboclos se manifestam nessa linha, trazendo uma postura rígida, forte, sempre transmitindo muita força. Traz a justiça pedida, amparando quem precisa, punindo quem deve ser punido e sempre trazendo luz às questões mais obscuras. A linha de Xangô trabalha muito próxima a linha de Ogum. Apesar das lendas que falam das discordâncias entre esses dois Orixás, as linhas são muito sinérgicas, atuando na força da Lei e da Justiça, um julga o outro executa e fiscaliza.

Elementos da Linha de Xangô

- COR: marrom ou vermelho.
- ELEMENTO: rochas, Fogo e Ar.
- PEDRA: jaspe-vermelho, pedra-do-sol, olho-de-tigre e pirita.
- CAMPOS DE ATUAÇÃO E ATRIBUTOS: justiça, equilíbrio, razão, firmeza e acabar com inimizades.
- SÍMBOLOS: estrela de seis pontas, machado duplo, balança e ampulheta.
- SAUDAÇÃO: Kaô Cabecilê!
- SINCRETISMO: São Jerônimo.
- DATA COMEMORATIVA: 24 de junho.
- CAMPO DE FORÇA: as pedreiras.
- OFERENDAS: velas brancas, vermelhas e marrons; cerveja preta; vinho tinto doce; flores diversas; azeite de oliva, dendê, quiabo e caruru.

5ª Linha de Iansã

Iansã tem a guarda das Caboclas dos ventos, entidades que giram com força e graça na incorporação. Sincretizada com Santa Bárbara traz dentro de sua história a força feminina na manifestação espiritual de forma mais forte e bruta.

Em suas lendas, ela é dada como esposa de Ogum e, posteriormente, de Xangô. É representada cuspindo fogo. Seu elemento é o raio, a eletricidade que produz o fogo. Chamada de Senhora dos ventos e das tempestades manifesta os poderes climáticos e a movimentação das forças espirituais. De outra forma, acaba sendo a manipuladora do fogo divino. Suas muitas formas atribuíram a ela a alcunha de mutabilidade e adaptação.

Seu animal de poder é o Búfalo, no qual ela pode se transformar e demonstrar a parte mais bestial de seus atributos.

Suas Caboclas ágeis, lépidas, com forte presença e carisma, trazem uma forma diferente de conversa entre as consultas. É impossível ficar parado na presença de uma manifestadora dessa força.

Direção e movimento são atributos dessa linha, logo, encaminham todos os espíritos perdidos e sem direção, tanto os encarnados, como os desencarnados, motivo pelo qual muitas vezes ela é chamada de a Senhora dos Eguns.

Elementos da Linha de Iansã

- COR: vermelho, amarelo e lilás.
- ELEMENTO: eletricidade, Fogo e Ar.
- PEDRA: granada e citrino.
- CAMPOS DE ATUAÇÃO E ATRIBUTOS: movimento, direção e resgate de almas perdidas.

- SÍMBOLOS: arcos que se cruzam, chicote, chifre de búfalo e raio.
- SAUDAÇÃO: Eparrei Iansã!
- SINCRETISMO: Santa Bárbara.
- DATA COMEMORATIVA: 04 de dezembro.
- CAMPO DE FORÇA: pedreiras, cachoeiras e campos abertos.
- OFERENDAS: velas amarelas, vermelhas e lilases; champanhe branca; licor de menta, de anis ou de cereja; rosas e palmas amarelas ou vermelhas. Em algumas localidades, o acarajé ganha o nome de bolinho de Iansã.

6ª Linha de Iemanjá

Iemanjá lidera a sexta linha de Umbanda, trazendo a seu serviço as ondinas, sereias, tritões e marinheiros. É considerada a Rainha do Mar e Senhora da Vida, pois toda vida surgiu do mar. Essa linha lida mais com os desequilíbrios e a limpeza pesada no Terreiro. Apesar de sua associação ser diretamente com o mar, Iemanjá é na verdade a Senhora de todas as águas do Planeta, doces ou salgadas.

É comum chamar essa linha tanto no começo dos trabalhos (para limpar o ambiente astral e material e preparar o campo energético para o início dos trabalhos) quanto no final, para limpar o resíduo psicoemocional que foi emanado durante os trabalhos de assistência.

Curiosamente, Iemanjá tem falanges muito distintas. As ondinas, sereias e tritões se manifestam de forma mais energética e, quando incorporam, apenas choram (na verdade entoam um cântico) liberando o campo de trabalho das vibrações e dos vibriões negativos. Já a linha dos marinheiros – e de todo o povo do mar – é sempre recebida com alegria. Com seu jeito similar a um homem embriagado, mas sem estar de fato, traz a adaptação no mar como transformador do íntimo daqueles que a eles pedem socorro.

Iemanjá ainda rege o campo da vida, da geração e da criação. Logo, é a ela que recorremos quando queremos criar uma ideia, gerar uma nova oportunidade ou mesmo na concepção de uma nova vida. Apesar de se sincretizar tanto com Nossa Senhora da Conceição, quanto com Nossa Senhora dos Navegantes e com a própria Virgem Maria, Iemanjá é um caso à parte. Ela tem uma iconografia própria de uma mulher de pele alva, vestida de mar, com longos cabelos negros e pérolas nas mãos.

Elementos da Linha de Iemanjá

- COR: azul-claro.
- ELEMENTO: água doce ou salgada.
- PEDRA: água-marinha, diamante e pérola.
- CAMPOS DE ATUAÇÃO E ATRIBUTOS: limpeza, regeneração, geração, criação e concepção.
- SÍMBOLOS: arpões, peixes, ondas e estrelas do mar.
- SAUDAÇÃO: Odoyá! Adocy Yá! Odociaba!
- SINCRETISMO: Virgem Maria, Nossa Senhora dos Navegantes e Nossa Senhora da Conceição.
- DATA COMEMORATIVA: 02 de fevereiro e 08 de dezembro.
- CAMPO DE FORÇA: praias e os mares.
- OFERENDAS: velas brancas e azul-claro; champanhe; calda de ameixa ou pêssego; manjar; arroz-doce; melão; rosas e palmas brancas.

7ª Linha das Almas

Esta talvez seja a linha de Umbanda mais controversa, na qual muitos autores colocam vários Orixás. Eu poderia dizer que aqui se encaixa facilmente o Orixá Omulu ou Obaluayê, porém, de forma indireta. Essa é a tal da Linha de Demanda[3] que, assim como os Oguns, cuida da proteção energética. É a chamada linha das almas, que após o desencarne trabalham para ajudar os encarnados nos locais mais densos. Linha de Exus e Pombagiras, Povo do Cemitério, Quimbandeiros, Espíritos Auxiliares, entre outros.

Apesar de haver uma separação bem clara entre a linha de Umbanda e a Linha de Quimbanda, é essa sétima linha que faz a ligação entre os dois lados. Mesmo que existam Exus de encruzilhada ou de estrada, todos se encontram aqui. Fortalecem a abertura dos trabalhos retirando dos próprios assistidos e médiuns as cargas densas e negativas que trazem junto a sua matéria nos dias de trabalho. São eles que acabam pondo a mão na massa quando é necessário ir de encontro com as forças negativas, espíritos trevosos ou negativados, demandas, magias negras, encantamentos, etc.

Povo versado na magia e conhecedor dos locais mais escuros do astral inferior. Esgueiram-se pelas defesas dos adversários para socorrer, apaziguar e também punir quando há essa necessidade.

Exus e Pombagiras são povos extremamente mal-interpretados, taxados de espíritos inferiores, trevosos e muitas vezes ignorantes. Não poderia ser mais distante da verdade. É o povo

---

3. Linha de Demanda é originalmente o nome da Linha de Ogum, por trabalharem em sinergia as linhas podem ser confundidas.

da esquerda da Umbanda quem realmente despacha os espíritos em desequilíbrio nas zonas inferiores.

Os Orixás Obaluayê e Omulu, por meio de suas atribuições, acabam exercendo certa presença nessa linha. Em muitas vertentes, eles são aspectos do mesmo Orixá, com seus atributos de cura, transmutação, evolução, paralisação e depuração; são essenciais quando do espírito perdido.

A cura é ampla em sentido espiritual, emocional, psicológico e material e, apesar da Linha de Oxóssi e de Oxalá promulgarem curas, a Linha dos Exus também o faz. Se pensarmos de forma despretensiosa, podemos até afirmar que alguns falam em línguas da Europa e eram médicos naquela região.

Para efeitos de padronização irei, neste livro, referir-me a esses Orixás sempre como Omulu e colocarei abaixo os elementos não da linha – que será tratada posteriormente –, mas do Orixá que a sustenta.

Elementos de Omulu

- COR: preto-e-branco, roxo e violeta.
- ELEMENTO: Terra.
- PEDRA: turmalina preta, ônix e obsidiana.
- CAMPOS DE ATUAÇÃO E ATRIBUTOS: cura, evolução, transformação, progressão, decantação, destruição, desagregação e paralisação.
- SÍMBOLOS: cruz de braços iguais, cruz romana e cruz envolta em um círculo.
- SAUDAÇÃO: Atotô Omulu! Atotô Obaluayê! (Semelhante à de Oxalá).
- SINCRETISMO: São Lázaro, São Roque ou São Bento.
- DATA COMEMORATIVA: 02 de novembro (finados).

- **Campo de força:** cemitérios e a beira-mar, locais que representem um limiar, uma passagem, nem um mundo, nem outro.
- **Oferendas:** velas roxas, violetas, pretas-e-brancas ou preta, branca e vermelha juntas; água; vinho rosé licoroso; coco ralado ou fatiado; pipocas; margaridas, rosas, crisântemos e cravos brancos.

5

Outros Orixás que se Manifestam na Umbanda

A cultura africana é riquíssima em número de deidades. Os Orixás são apenas uma das manifestações. Ainda podemos encontrar os Inquices e Voduns, além da própria cultura muçulmana e a antiga religião egípcia, de onde beberam muitas culturas e civilizações.

Seria leviano de minha parte tentar colocar todas essas deidades dentro das linhas de Umbanda, e acredito que as suas manifestações se dão independentemente das linhas. Mesmo aqueles que regem certa linha, o fazem mais por conformidade e aproximação de seus atributos, do que propriamente por obrigatoriedade. Eles são livres em suas ações, podendo atuar em qualquer linha e em qualquer regência. Não há briga de Orixás e suas forças não são conflitantes, são construtivas e complementares.

Os Orixás citados abaixo são os cultuados dentro da doutrina que sigo. Irei apresentá-los da forma como aprendi a cultuá-los e respeitá-los. Além dos já citados, ainda cultuamos Oxum, Oxumaré, Nanã Buruquê e Ibejis.

Oxum

Decidi começar por Oxum pelo simples motivo de que ela é a regente da Casa em que trabalho. Sim, é a Casa de Oxum. Veja a importância que damos mesmo ela não encabeçando uma linha dentre as Sete.

Oxum é a Orixá da beleza, da sensualidade, da maternidade (quando a criança já nasceu) do amor e da prosperidade material. Sincretizada com Nossa Senhora da Conceição e Nossa Senhora Aparecida da Conceição, tem uma mistura de atribuições.

Na tradição africana, Oxum é um rio, e como Orixá desse rio, tem a seu favor as sereias ribeirinhas, também chamadas de Caboclas d'água ou Caboclas de Oxum. No Brasil, esses seres Encantados são conhecidos como Iaras.

Considerada uma mulher sensual e de grande beleza, Oxum é ciumenta e capaz de gerar tramoias para conquistar o que deseja. Isso tudo é simbologia para a representação de como o rio é: provedor de vida, água, alimentos, transporte, mas que, ao mesmo tempo em que seduz, pode ser traiçoeiro, com suas corredeiras, cachoeiras e pedras.

O Amor que Oxum representa não é só o conjugal, mas o amor entre mãe e filho, entre amigos, família e todo tipo de amor verdadeiro. A paixão é uma ilusão passageira, mas o amor perdura. Suas falangeiras são evocadas geralmente para limpeza do ambiente e descarrego emocional dos médiuns ou assistidos. Muitas Pombagiras trabalham sob sua regência[4], pois emanam o desejo, a sensualidade além do sentimento que Oxum carrega, visto que muitas colocam o nome Maria à frente do seu nome. Enquanto Iansá é a visão da mulher aguerrida e lógica, Oxum é a mulher astuta e sensual.

---

4. Regência é como uma inspiração.

Nunca vi uma entidade masculina de Oxum, pelo menos não puramente Oxum. Geralmente são Caboclos e Caboclas que cruzam as energias com outros Orixás, como o Caboclo Flecha Dourada.

Como Senhora dos minérios, dentre eles, o ouro, um de seus atributos é a prosperidade material. A Água é seu elemento principal, assim como toda espécie de minério nobre – e não só eles.

Seu sincretismo original é com Nossa Senhora da Conceição, uma versão mais jovem da própria Maria, mãe de Jesus, mas é muito comum – e até mesmo mais praticado – o sincretismo com Nossa Senhora Aparecida da Conceição, a santa padroeira do Brasil.

Elementos de Oxum

- COR: amarelo, dourado, azul-escuro e rosa.
- ELEMENTO: água doce e mineral.
- PEDRA: quartzo-rosa, ametista, ouro, prata e demais metais e pedras preciosas.
- CAMPOS DE ATUAÇÃO E ATRIBUTOS: amor, congregação, união, prosperidade e feminilidade.
- SÍMBOLOS: coração, cachoeira, manto de Nossa Senhora.
- SAUDAÇÃO: Ora ai iê iê Oxum! ou Ai iê iê Mamãe Oxum.
- SINCRETISMO: Nossa Senhora da Conceição e Nossa Senhora Aparecida da Conceição.
- DATA COMEMORATIVA: 12 de outubro.
- CAMPO DE FORÇA: rios e cachoeiras.
- OFERENDAS: velas amarelas, rosas, douradas e azul-escuro; água doce; champanhe; licor de cereja. Todas as rosas e flores, pêssego, maçã, ameixa, frutos com formato de coração e doces.

Oxumaré

Oxumaré é o Orixá da renovação, tido como metade princípio feminino e metade princípio masculino. Por seu nome ser muito parecido com o de Oxum, muita gente confunde os dois Orixás ou determina que Oxumaré seja "mulher". O que ocorre é que esse Orixá, na mitologia, possui uma irmã que divide a regência de seus atributos com ele, na proporção de seis meses para um e seis meses para o outro. No entanto, existem várias histórias controversas e nunca podemos levar as lendas ao pé da letra.

O arco-íris, um de seus símbolos, é encontrado em diversas religiões como símbolo de aliança, renovação e ressurgimento. Na própria mitologia sobre a Arca de Noé, Deus exibe um arco-íris como sinal da nova aliança com os homens. O arco-íris é a representação simbólica de que depois da tormenta, algo de bom surgirá.

Um mito que precisa ser desfeito é sobre a homossexualidade de quem tem a regência desse Orixá, isso é absurdo e não pode mais ser propagado. A orientação sexual nada tem a ver com a energia que os Orixás exercem em nossas vidas.

Oxumaré ainda é representado como a cobra que morde a própria cauda, o ouroboros. É o símbolo da continuidade, do infinito, do eterno. Encarregado de levar as águas das chuvas de volta às nuvens, segundo as lendas, e de novamente devolvê-las em garoas suaves.

É mais fácil de encontrar seu culto na Região Nordeste do Brasil, principalmente na Bahia.

Elementos de Oxumaré

- COR: azul-celeste ou todas as cores.
- ELEMENTO: água de chuva.

- Pedra: jaspe e opala.
- Campos de atuação e atributos: renovação, aliança, felicidade e reciclagem.
- Símbolos: ouroboros, serpente e caduceu.
- Saudação: Arroboboi!
- Sincretismo: São Bartolomeu.
- Data comemorativa: 24 de agosto.
- Campo de força: cachoeiras, campos abertos e lugares naturais que estão garoando.
- Oferendas: sete velas coloridas dispostas em torno de uma vela branca; melão; champanhe rosé; água de chuva; flores multicoloridas.

Nanã Buruquê

Sincretizada com Sant'Anna, a avó de Jesus, Nanã Buruquê ou Buruku, — há ainda outras possíveis grafias — é o Orixá da maturidade, atuando na sabedoria. Decanta o emocional, preparando-os para uma nova etapa mais equilibrada e harmônica.

Nas lendas, é Nanã quem oferece a Oxalá a matéria-prima para moldar o ser humano. Ela retira o lodo do fundo de seu campo de força – as lagoas – e permite que Oxalá o use, com a única ressalva de que quando o sopro vital de Olodumaré se extinguir daquele corpo animado, a matéria-prima volte aos seus domínios, ou seja, "do pó vieste ao pó retornarás".

Tem entre suas atribuições a transcendência e a morte, por isso é muito temida em alguns locais. É considerada a mais velha de todos os Orixás, o que simboliza a sua sabedoria devido a sua experiência.

As entidades de Nanã sempre carregam um tom de idade em suas manifestações e, geralmente, vêm através de espíritos de Pretos e Pretas-velhas, além de Caboclas e Caboclos mais maduros. Uma entidade muito conhecida que trabalha na força desse Orixá é o Exu do Lodo.

Elementos de Nanã Buruquê

- COR: amarelo ou lilás.
- ELEMENTO: Água e Terra (lama, lodo).
- PEDRA: turmalina-rosa, ametista e rubelita.
- CAMPOS DE ATUAÇÃO E ATRIBUTOS: decantação, sabedoria, maturidade e aconselhamento.
- SÍMBOLOS: símbolos de losangos e ibiri.
- SAUDAÇÃO: Saluba Nanã.
- SINCRETISMO: Sant'Anna.
- DATA COMEMORATIVA: 26 de julho.
- CAMPO DE FORÇA: lagos, lagoas e mangues.
- OFERENDAS: velas lilases, brancas ou amarelas; champanhe rosé; calda de ameixa ou de figo; melancia, uva, figo, ameixa e melão; pirão de batata-roxa.

Ibeji

Orixás Gêmeos associados aos irmãos Cosme e Damião, porém, há uma lacuna aqui a ser preenchida. Os gêmeos Cosme e Damião são jovens médicos que atuam dentro da linha de Oxalá, a representação no sincretismo nesse caso acontece mais por falta de outra aproximação de santos gêmeos. As deidades gêmeas são comuns nas mitologias, como Rômulo e Remo, fundadores da cidade de Roma; Cástor e Pollux, gêmeos da mitologia grega; Guaracy e Jaci[5] na mitologia guarani, entre outros.

A esses Orixás é dada a regência da linha das crianças dentro da Umbanda, popularmente conhecidos como Erês, entidades com manifestações infantis que encantam e nos enchem de dúvidas.

Os Ibejis estão ligados com o princípio da dualidade, além de representarem o início de algo, por se tratar de crianças. Tudo aquilo que se inicia, é dado como atributo de Ibeji. Para iniciar um novo negócio, romance, estudo, etc., devemos trabalhar com as forças de Ibeji.

Elementos de Ibeji

- COR: rosa e azul-claro.
- ELEMENTO: todos.
- PEDRA: turmalina melancia, quartzo-rosa e topázio.
- CAMPOS DE ATUAÇÃO E ATRIBUTOS: início, começos e inocência.
- SÍMBOLOS: símbolos gêmeos e brinquedos.
- SAUDAÇÃO: Omi ai iê iê Ibejada.
- SINCRETISMO: Cosme e Damião.
- DATA COMEMORATIVA: 27 de setembro.
- CAMPO DE FORÇA: todos os locais da natureza.
- OFERENDAS: velas brancas, rosas e azul-claro; sucos de frutas; frutas; doces; refrigerante e brinquedos.

---

5. Coaracy e Iacy.

6

Linhas de Trabalho (Entidades)

As linhas de trabalho são agrupamentos de espíritos afins por certa similaridade de origem, seja ela cultural, seja racial, seja até mesmo por ofício. As linhas de trabalho são manifestadas desde a primeira incorporação do Caboclo das Sete Encruzilhadas, porém há de se reconhecer que a manifestação de espíritos dessas classes já ocorria muito antes de existir uma religião chamada Umbanda.

Cada linha de trabalho traz consigo um jeito próprio de abordar as situações propostas pelos consulentes e tem funções bem determinadas quanto as suas atuações. As linhas originais, o pilar central das manifestações, sempre se deram pelos Caboclos, Preto-velhos e crianças. É o que chamamos de triângulo de forças da Direita. As crianças representam o ser humano em seu início, com a inocência e ingenuidade característica das crianças, sem deixar a sinceridade de lado; os Caboclos representam a maturidade, a força e o auge físico do ser humano, com retidão e obstinação, e por fim, os Pretos-velhos representam a humildade e a sabedoria da idade.

Vamos falar um pouco sobre cada linha de Umbanda, porém, deixo claro que, ao falarmos de linhas de trabalho não podemos determinar uma estrutura fechada. Várias linhas foram – e ainda são – incorporadas com o passar do tempo às linhas de Umbanda. Não há nada de errado nisso, pois tudo evolui. Inclusive e, principalmente, essa evolução também se deu no plano espiritual.

Caboclos

Caboclo é o termo usado para designar os filhos de índios com europeus, contudo, esse termo ganhou nova conotação na Umbanda. Geralmente são associados aos índios (povos nativo-americanos) que se manifestam nas giras de atendimento de Umbanda.

A tradição aceita que o fundamentador da Umbanda no plano material tenha sido um Caboclo, denominado Caboclo das Sete Encruzilhadas, por meio do seu médium, como já vimos, Zélio Fernandino de Morais.

Os Caboclos e Caboclas trazem consigo a energia das matas e são sustentados pela força de Oxóssi. Podemos dizer, então, que o Orixá que sustenta (vibra) essa linha é Oxóssi, o Grande Caçador, Orixá do Conhecimento, da Busca, Senhor das Matas, da Fartura e da Caça. Motivo pela qual os Caboclos e Caboclas geralmente são espíritos aguerridos, austeros, com forte presença física e, por vezes, falam com sotaque meio arrastado. Os Caboclos costumam intercalar algumas palavras que não são bem compreendidas, resquícios de línguas nativas perdidas, entoações de preces ou cânticos xamânicos e tupi-guarani.

É comum se manifestarem com um brado – um grito de guerra – nas incorporações. Alguns dizem que é um mantra ou uma vibração sonora, como uma assinatura daquele espírito que está vindo trabalhar. Mas isso não é uma regra, muitos chegam em silêncio e mantêm certo porte, além de uma fala impecável para nossos ouvidos modernos. Devemos nos lembrar de que Caboclo é um grau e não uma condição.

Caboclos trabalham sobre a vibração de qualquer Orixá. Os mais comuns são os Caboclos de Oxóssi, Xangô e Ogum. As Caboclas também podem vir nas vibrações de Iemanjá, Oxum e mais costumeiramente de Iansã.

Esse grau representa o ser humano na idade madura, que traz consigo força e vigor e que vai à busca de seus objetivos. A cor associada a essa linha de trabalho é o verde, porém cada entidade pode ter cores seguindo os preceitos dos seus Orixás irradiadores. Por exemplo, um Caboclo Sete Montanhas pode usar vela verde, marrom ou até mesmo vermelha; um Caboclo Rompe-Mato geralmente se utiliza de velas verdes, vermelhas e brancas, e assim por diante. Isso inclui todos os elementos em que a cor é crucial, como fitas, pembas e flores.

Trabalham bastante com o tabaco (na forma de charutos, cachimbos de jurema e angico), e usam muitas velas, pedras e fitas. É comum encontrar um Caboclo atuando à frente do médium, sendo seu mentor ou Guia-Chefe (chefe-de-coroa).

Caboclos são manipuladores exímios do fitoplasma, que é a contraparte etérea das ervas, a energia do duplo-etéreo das plantas. Principalmente a linha dos pajés que, por meio de unguentos, infusões, banhos e defumações, conseguem obter melhoras e curas que por muitos são tidas como milagrosas. É válido lembrar que a medicina ortodoxa se utiliza de alguns princípios ativos das plantas em seus medicamentos, a aspirina é um desses exemplos. Alguns atuam na linha de jurema, um culto indígena, utilizando os caminhos do maracá e da fumaça dos cachimbos ritualísticos. Outros ainda se utilizam do charuto, que é a força vegetal (ervas e tabaco) transmutada pelo elemento ígneo (Fogo) e propagada pelo elemento eólico (Ar e fumaça).

Os Caboclos são grandes doutrinadores. Por meio de conversas e conselhos – muitas vezes de forma direta e até um pouco rústica –, conseguem fazer os consulentes enxergarem os caminhos errados que estão tomando e trazer à consciência aquilo que precisam mudar em suas vidas para atingirem os intuitos desejados.

São conhecedores da psique humana, tratam os trabalhos de consulta como verdadeiras sessões de terapia, aprofundam o consulente no seu emocional em busca de suas respostas e para que saciem suas inquietações. No campo astral, eles são os recolhedores das energias benéficas que serão trazidas das matas para serem utilizadas dentro do ritual de Umbanda. Também atuam manipulando as forças da natureza conhecidas como elementais. Ainda encontramos os Caboclos empenhados na proteção e guarda de ações desenvolvidas em resgates de espíritos nos umbrais.

Apesar do jeito e do aspecto sério e rígido, os Caboclos são figuras de muito fácil trato, pois são simples e singelos trabalhadores.

Sua atuação pode ser ampla, mas são especialistas nos atributos de Oxóssi: cura, fartura, conhecimento, expansão da consciência, etc. Também podem trazer os atributos dos seus Orixás irradiadores: um Caboclo de Ogum trará ordem, a lei, a retidão; um Caboclo de Xangô trará a justiça, o equilíbrio, a razão e etc.

Os Caboclos podem vir de todas as nações indígenas, sendo elas nativas brasileiras ou não. Existe até os Caboclos Feiticeiros[6], ou Caboclos Africanos, que são espíritos ligados à arte da magia, provindos das tribos africanas.

- PONTO DE FORÇA: matas, cachoeiras, pedreiras, beira-mar e campos abertos.
- BEBIDAS RITUALÍSTICAS: cerveja, água de fonte, água com mel, sucos de frutas e água de coco.
- COMIDAS: todas as frutas, legumes e hortaliças.
- FLORES: todas, principalmente as flores de campo.
- SAUDAÇÃO: Okê Caboclo! Okê Cabocla!
- OFERENDAS: as mesmas que são oferecidas para Oxóssi, com alteração de alguns elementos.
- CORES: verde e branco.
- ALGUNS NOMES DE CABOCLOS E DE CABOCLAS: Arranca-Toco, Cobra-Coral, Tupã, Arariboia, Folha-Verde, Samambaia, Sete Matas, Caçador, Pena-Azul, Pena-Branca, Pena-Roxa, Pena-Vermelha, Sete Flechas, Sete Folhas, Pedra-Branca, Pedra-Preta, Aymoré, Caramuru, Ventania, Tupinambá, Tamandaré, do Sol, da Lua, Rompe-Mato, Sete Estrelas, Urubatão. Janaína, Iara, Iaraí, Jurema, Jussara, Jupira, Jaciara, Jaci, Potira, etc.

Pretos-velhos

A segunda linha de trabalho a se manifestar em uma sessão tipicamente umbandista foi a dos Pretos-velhos. Com a manifestação de Pai Antônio no médium Zélio Fernandino de Morais. Entidade conhecidíssima e popularmente difundida

---

6. Também conhecidos como Caboclos Kimbandeiros.

que se mistura mais a mitologia umbandista do que as demais linhas. É muito comum encontrar pessoas fazendo brincadeiras do jeito característico de falar desses abnegados espíritos: Suncê, Mizifio, Zinfio, etc. São espíritos elevadíssimos que se manifestam sob a aparência de negros escravos, trazendo-nos o exemplo da humildade e simplicidade da alma. Sua manifestação desperta paz, tranquilidade, esperança e perseverança, remetendo-nos à reflexão de nossa própria natureza íntima.

Podemos afirmar que o Preto-velho foi o precursor do uso de elementos ritualísticos como o fumo e as guias nos trabalhos de Umbanda. É factual lembrarmo-nos de que já havia manifestações de espíritos com esse arquétipo mesmo antes do surgimento da Umbanda. Mas foi na Umbanda que essa linha se popularizou e se mesclou a ponto de não conseguirmos imaginar uma gira sem pensar nesses queridos espíritos.

Nem todo Preto-velho foi escravo ou é um senhor idoso, alguns espíritos que trabalham nessa linha se apresentam como pais, mães, avôs, avós, tios e tias, porém, nem todos tiveram a passagem pelo cativeiro, ou sequer têm ascendência africana.

A linha dos Pretos-velhos é emblemática, eles assumem a roupagem de um africano, ancião, geralmente com o nome de batismo cristão. Não há linha que mostre melhor conformidade com o universalismo que esta. Ao mesmo tempo em que se pode ouvir um Preto ou Preta-velha rezar para Zambi, Olorum e Oxalá, podemos ouvi-los, também, rezando para Jesus, São Francisco e São Benedito.

Eles geralmente se manifestam com a coluna arqueada, com os trejeitos de um ancião. Sentam-se em tocos ou bancos, pede a cuité – cuia para beber água ou café, alguns até mesmo marafo, sua cachimba ou pito (cachimbo ou cigarro de palha) e uns raminhos de ervas. Benzedores e mirongueiros, os Pretos-velhos eram os curadores naturais dos povos da Senzala. Curam as dores da alma e do corpo com suas rezas, beberagens, banhos de ervas, defumações e muita, mas muita fé.

Além da palavra dada sempre carregada de sabedoria e simplicidade, valendo-se de seus cachimbos e cigarros de palha, vão descarregando as energias deletérias impregnadas em nossos corpos sutis, ao mesmo tempo em que atuam vibracionalmente em nossa mente inconsciente com suas doces palavras de reflexão.

O simbolismo de simplicidade, aliado à conduta da sabedoria dos anos, os transformaram em um dos mais carismáticos Guias a trabalharem com a assistência dos que procuram os centros umbandistas. Adoram "prosear" e geralmente depois do benzimento – que sempre dão com ervas, estalar de dedos, cachimbo ou outra forma –, ofertam uma palavra amiga e de incentivo.

Frequentemente se utilizam de fios de contas (guias) contendo lágrimas-de-nossa-senhora, cruzes, figas ou contas preto-e-branca. Utilizam-se das velas nas cores branco-e-preto, branco, lilás e violeta, alguns até mesmo o roxo. Fumam cachimbo e cigarro de palha, geralmente pedem para seus filhos fazerem seus próprios fumos com ervas ao invés de só tabaco. Bebem café e água, alguns bebem vinho e marafo. Podem usar bengalas, panos na cabeça, no colo e chapéu de palha.

A irradiação dessa linha ocorre na energia de Oxalá, Omulu e Nanã Buruquê, os Orixás considerados anciãos. Também conhecido como povo das almas santas – não confundir com a linha das almas. Andam devagar, falam mansamente e sempre com o tom amável. As linhas de Pretos-velhos são conhecidas pelas nações dos povos originalmente trazidos da África como: Arruda, Guiné, Angola, Congo, Moçambique, Cabinda, etc.

- Ponto de força: campos abertos, cruzeiros e cemitério.
- Bebidas ritualísticas: água, café, vinho e marafo. Algumas vezes as bebidas são adoçadas com rapadura.
- Comidas: pipoca, rapadura, cocada, bolo de fubá, canjica, arroz-doce, feijão fradinho, acarajé e comidas de origem africana.
- Flores: crisântemos, margaridas, cravos e flores brancas em geral.
- Saudação: Iaô Vovô e Iaô Vovó; Adorei as Almas!
- Oferendas: as que são oferecidas a Oxalá, Omulu e Nanã.
- Cores: branco, lilás, violeta, roxo e preto-e-branco.
- Alguns nomes de pretos-velhos e pretas-velhas: Pai Congo, Vovô João de Angola, Vovô José Adriano, Vovô Benedito de Aruanda, Pai Francisco da Guiné, Pai Francisco do Congo, Vovô Chico, Pai Antônio das Almas, Pai Benedito dos Cruzeiros, Pai Anastácio, Vovó Benta, Vovó Maria Benta, Vovó Cecília, Vovó Anita, etc.

Crianças

A linha das crianças ou dos Ibejis/Erês é fechada em seus mistérios. Fornece espíritos na forma de crianças para atuar nas linhas de forças dos elementos.

As entidades que se manifestam nem sempre tiveram vivencia material, ou seja, não encarnaram no nosso Planeta. Pode se tratar de espíritos Encantados ou em preparação para a vinda ao plano material pela primeira ou segunda vez, que ainda conservam a inocência e a ingenuidade da alma em estado primordial. Essas entidades costumam ser alegres, expansivas, carinhosas, caladas, irritáveis, etc., dependendo de qual regência elemental elas estão.

Jamais devemos confundir a sua ingenuidade com fraqueza ou falta de poder, já que são espíritos poderosos e traduzem a frase de Jesus: "Vinde a mim as criancinhas, pois delas é o Reino dos Céus".

Entidades que atuam sob as vestes de um espírito infantil são muito antigas e têm mais poder de que imaginamos em uma "criança". Como não são levados muito a sério, esses poderes de ação ficam ocultos. São entidades que não se preocupam com a orientação religiosa de nenhum ser humano e os ajudam independentemente de qualquer descrença. Guardam os pontos de força da natureza e possuem irradiações fortes e puras, são muito ativos em curar doenças e trazer calma.

Foram identificados como Cosme e Damião, santos cristãos curadores que trabalhavam com a magia dos elementos e como Ibeji, gêmeos Encantados do Ritual Africano Antigo.

Não gostam muito de trabalhar em demandas ou de encaminhar os espíritos, geralmente deixam isso a cargo do vovô ou da vovó que os acompanham e guardam. Preferem a consulta, a conversa e a brincadeira, trabalhando com seus elementos sobre o consulente, modificando e equilibrando suas energias, muitas vezes sem que estes percebam que estão sendo trabalhados.

Uma das características dos Erês é que se comportam como se estivessem sempre sendo desobedientes, falando que o tio (Caboclo) "vai brigar porque tem cara de bravo" ou o vovô "já pediu para ir embora". Alguns trabalham muito próximos a outras entidades, fornecendo energias benéficas e puras.

É cultural dar muitos doces e refrigerantes para os Erês, porém, esses elementos são mais simbólicos do que rituais. Por serem elementos industrializados não possuem o axé necessário para seus trabalhos. Muitos preferem frutas, sucos e doces feitos de maneira mais natural possível.

- **Ponto de força**: parques, jardins e campos floridos.
- **Bebidas ritualísticas**: água, água de coco, sucos de frutas e refrigerantes.
- **Comidas**: pipoca, cocada, maria mole, balas, doces, chocolates, frutas e bolos.
- **Flores**: todas as flores coloridas.
- **Saudação**: Omi Ibejada! Aie Ibejada!
- **Oferendas**: doces, brinquedos e flores.
- **Cores**: rosa, branco e azul-claro.
- **Alguns nomes de Erês**: Crispim, Luizinho, Zezinho, Pedrinho, Chiquinho, Zé Rubinho, Mariazinha, Chiquinha, Maria Pretinha, Belzinha, etc.

Baianos

A linha dos baianos é uma das mais conhecidas e amadas dentro da Umbanda, composta por espíritos em sua maioria brincalhões e alegres, que carregam dentro de si sempre um estado de bom-humor. Quando em consultas, agem de forma muito próxima do jeito do consulente falar com um amigo, é por isso mesmo que eles têm sucesso no que algumas linhas mais sisudas e sérias não conseguem; que é fazer o consulente se abrir.

Por falarem sempre de seus erros e acertos e mostrarem que são pessoas normais, os consulentes sentem segurança em se abrir. São costumeiramente associados aos cangaceiros do bando de Lampião, mas não seguem a mesma linha. São exímios movimentadores de energias. Sabem direcioná-las e fazê-las se movimentarem na direção por eles proposta, limpando todo um ambiente e abrindo o local para entrada de energias benéficas. Por essa característica são irradiados pela Orixá Iansá.

É dito que essa linha se abriu para prestar homenagem aos sacerdotes e babalorixás de cultos africanos que se radicaram na Bahia e que, por intermédio do conhecimento ancestral de sua terra natal, auxiliavam a todos que os procuravam.

Um baiano no astral manipula a energia que está estagnada, por isso eles são chamados tanto para a limpeza do médium, quanto do ambiente. Mas nem sempre operam sozinhos. Por meio deles, muitos elementais – principalmente os elementais do Ar – atuam nas conduções das energias negativas do local até um ponto da natureza, onde serão descarregadas, absorvidas, neutralizadas, transmutadas e enfim reabsorvidas. Iniciam então, todo um novo ciclo para as energias, sejam elas negativas, sejam positivas.

Alguns baianos chegam dançando, outros rodando e outros ainda jogando capoeira. O importante é saber respeitar esses espíritos. Muitos dizem que os baianos têm "um pé lá e um pé cá", dizendo que eles atuam tanto na direita como na esquerda. Isso não é totalmente verdade. Os baianos são Guias de direita, mas, por manipularem as energias negativas por meio dos elementais, são associados aos trabalhos da esquerda.

Quando um baiano chega saudando com seu sotaque carregado, não há um consulente que não queira chegar até ele para dar um abraço e pedir seu axé.

- **Ponto de força**: pontos naturais, beira-mar e campos abertos.
- **Bebidas ritualísticas**: água, água de coco, marafo e batida de coco.
- **Comidas**: cocada, maria-mole, rapadura, coco, acarajé, caruru e macaxeira com carne de sol.
- **Flores**: todas as flores.
- **Saudação**: É da Bahia! Jetruá Baiano!

- Oferendas: geralmente coco verde ou seco, com água de coco ou marafo; cigarro de palha; peixeira e cuité de coco.
- Cores: amarelo, verde e branco.
- Alguns nomes de Baianos e Baianas: Zé do Coco, Zé da Faca, José Severino, Raimundo, Severino, Eugênio, João Baiano, Serafim, Zé Baiano, Maria Quitéria, Baiana da Praia, Chica Baiana, Jacinta, Maria do Rosário, Maria Mulata, Rosa Baiana, etc.

Boiadeiros

Boiadeiro é aquele que conduz o gado, ou seja, que traz ao Terreiro os espíritos desencarnados que serão tratados. Os boiadeiros possuem um forte campo magnético que enlaça esses espíritos em desequilíbrio, o que faz com que muitos o associem a um laço. São eles que levam esses espíritos aos Terreiros e demais locais religiosos para ouvir o evangelho, para serem atendidos por meio do passe energético e tratados com toda a gama de recursos da Umbanda.

É o sertanejo em sua representação icônica, que está sempre de chapéu na cabeça e laço em punho, montado em seu cavalo, conduzindo com seu jeito sertanejo típico aqueles que não conseguem andar ou se encontrar por conta própria. Podem dar consultas e são tidos até como xucros, porém é seu jeito simples de conversar que faz as coisas serem mais diretas no aconselhamento. Seu trabalho principal é feito no plano oculto, prendendo os espíritos que dentro de uma gira querem tumultuá-la.

Há histórias de boiadeiros que eram tidos como Exus que mudaram de lado. Isso não é inteiramente mentira, alguns são realmente espíritos que militavam na linha dos Exus, que foram convidados[7] para atuar de forma diferente dentro do ritual de Umbanda e também no astral.

Estão associados ao tempo, ou seja, ao clima. Devido a isso, são associados à Iansã, mas podem vibrar em outras forças como Ogum, Oxóssi e Oxalá. Muitos boiadeiros ainda têm uma grande devoção por Nossa Senhora Aparecida, tida como a protetora do vaqueiro ou boiadeiro.

Os laços usados pelos boiadeiros no astral são formas plasmadas da sua própria capacidade de contenção magnética para conter e conduzir os espíritos que necessitam receber os influxos positivos e as doutrinações nas Casas Espiritualistas. Uma curiosidade é que é uma linha inteiramente masculina, não existem boiadeiras.

- PONTO DE FORÇA: interior de matas, estradas e sertão.
- BEBIDAS RITUALÍSTICAS: água de coco, garapa, marafo e meladinha (cachaça, limão e mel).
- COMIDAS: rapadura, paçoca, cana-de-açúcar, melaço, farofa, carne seca, feijão de corda e aipim.
- FLORES: todas as flores.
- SAUDAÇÃO: Jetruá Boiadeiro! Xétrua Boiadeiro!
- OFERENDAS: chicote; chapéu; cuité; cabaça; tira de couro; guia de couro; chifres de boi; ferradura; cigarro de palha; marafo; flores diversas e semente de olho de boi.
- CORES: variável conforme a entidade.
- ALGUNS NOMES DE BOIADEIROS: Zé do Laço, Boiadeiro do Jaledo, João Boiadeiro, Chapéu de Couro, Boiadeiro Juremá, Caboclo Boiadeiro, Zé Mineiro, etc.

---

7. Mesmo que tenham que encarnar e desencarnar para assumirem o grau de boiadeiro.

Marinheiros

Os Marinheiros são entidades ligadas à força das águas e com a regência de Iemanjá. Atuam promovendo a limpeza de espíritos recolhidos nos Umbrais, nos campos santos e na regeneração de seus campos energéticos e espirituais, por meio das vibrações marinhas. Ao contrário do que muitos pensam não se trata de beberrões e arruaceiros. Apesar do seu jeito cambaleante – reflexo da energia aquática marinha – nunca estão embriagados. São espíritos sábios com grande capacidade na manipulação dos elementais de águas salgadas, as ondinas.

Na linha dos marinheiros podemos encontrar todos os espíritos que viveram de alguma forma no mar, como espíritos da marinha bélica, da marinha mercante, marujos, pescadores, navegantes, capitães, piratas e afins. Caiçaras que viviam do mar também podem se manifestar nesta linha.

O mar é um dos campos mais misteriosos da Umbanda, e um dos mais extensos. O ser humano não conhece nada do mar e nem das profundezas dos oceanos. Pelo fato do mar não possuir barreiras físicas, as entidades que se manifestam trazem consigo certa irmandade, não importando em que parte do mundo estão. Os calungas são entidades de esquerda que trabalham conjuntamente a essa linha, porém não se manifestam na linha dos marinheiros.

Podemos encontrar também muitos seres Encantados atuando como entidades dessa linha, seres de extrema ancestralidade e portadores de muitos mistérios. Inclusive, o espírito que chefia a linha dos marinheiros, é o Martim Pescador, uma entidade Encantada que nunca teve encarnação humana.

Apesar das oferendas abaixo citarem elementos de origem animal, na Umbanda não se recomenda o seu uso. Estão apontadas simplesmente para demonstrar onde está o axé desse povo.

- Ponto de força: os oceanos.
- Bebidas ritualísticas: rum e marafo.
- Comidas: peixes, camarões e frutas diversas.
- Flores: cravos e palmas brancas.
- Saudação: salve todos marinheiros!
- Oferendas: cigarros; cigarro de palha; boné de marinheiro; âncora; corda; velas brancas e azuis; fitas brancas e azuis; melão com rum dentro; conchas; areia do mar e água salgada.
- Cores: branco, azul-claro e azul-escuro.
- Alguns nomes de marinheiros: Martim Pescador, João Praiano, João da Praia, Caiçara, Marinheiro Japonês, Seu Gererê, Chico do Mar, Zé Pescador, Capitão dos Mares, João da Praia, Zé da Maré, etc.

Sereias e Caboclas d'Água

As sereias e Caboclas d'água são espíritos que manipulam os elementais aquáticos, também chamados de ondinas, amaralinas, etc. É interessante notar que as sereias que incorporam nos médiuns não são seres elementais[8], são espíritos das chamadas Caboclas da linha das águas. Elas vêm com seu canto melódico e ritmado, mas sem parecer que é desesperado, é um choro de desprendimento e não de dor ou agonia.

---

8. Mas ainda assim, Encantados.

Essa linha é geralmente chamada para fazer a limpeza no duplo-etéreo do consulente ou no local dos trabalhos, após os trabalhos ou quando for necessário.

É uma linha que não fala e não dá consulta, aplicando apenas os passes energéticos naqueles que necessitam.

Ciganos

São conhecidos como filhos do vento, por estarem sempre em liberdade. Conduzidos por sua mobilidade, eles são nômades. Seus magos são versados na magia Cigana, conhecedores como ninguém das magias elementais do fogo e do vento. Prestam homenagem a Santa Sara Kali, padroeira dos Ciganos e também a Nossa Senhora Aparecida da Conceição.

Os Ciganos são livres, não se fixam a uma só religião. Eles se apresentam onde são chamados, mas se sentiram tão afeiçoados com a universalidade dos ensinamentos da Umbanda, que é muito comum ver seus falangeiros "descendo" nos Terreiros.

Existem várias linhas de Ciganos, desde os que cuidam dos assuntos financeiros, do amor e de prosperidade espiritual, até os Ciganos que leem mão, o baralho e outras formas oraculares. Podem se manifestar tanto na direita quanto na esquerda, mas sempre respeitam a "banda" em que estão. Logo, um Cigano que se manifesta na linha da direita, muito raramente se manifestará na linha da esquerda e vice-versa. Não existe Cigano virado. Assim como o Exu Cigano e a Pombagira Cigana, que não foram realmente Ciganos em suas encarnações, mas sentem simpatia e tem os conhecimentos desses povos, rendendo-lhes homenagem.

Os Ciganos podem ser diretos e desconfiados, porém quando se afeiçoam a alguém que realmente conquista seu respeito, ele o terá como um amigo e protegido para sempre.

As Ciganas chamam muita atenção por chegarem bailando e sempre gostarem das mais diversas cores em seus lenços e saias. Gostam de trabalhar com elementos coloridos e com o fogo sempre presente. Muitas dessas entidades usam o Baralho Cigano ou mesmo o convencional para fazer tiragens, além das leituras de mão e dos conselhos. Já os Ciganos gostam de trabalhar com frutas, fitas, facas e moedas.

- **Ponto de força**: todos os lugares abertos.
- **Bebidas ritualísticas**: vinhos, rum e licores.
- **Comidas**: uva verde, uva rubi, morango, damasco, pêssego, limão, laranja, romã, pera, abacate, maçã, manga, melancia, melão e figo.
- **Flores**: diversas.
- **Saudação**: Optchá! e Arribá[9]
- **Oferendas**: cigarros; moedas; ferradura; punhais; lenços; baralho; cesta com frutas variadas.
- **Cores**: todas as cores, preferencialmente o vermelho, o verde e o preto.
- **Alguns nomes de Ciganos e Ciganas**: Juan, Ramón, Pablo, Iago, Ramur, Sandro, Wladimir, Sulamita, Paloma, Esmeralda, Carmem, Carmencita, etc.

---

9. Para aqueles com origem próxima à região da Península Ibérica.

Oriente

A Linha do Oriente é muito pouco compreendida e quase não se apresenta nos trabalhos de Terreiro atualmente. Durante a década de 1960 e 1970 era muito popular por abarcar todas as linhas de antigas religiões ou povos extintos dentro da Umbanda.

É uma grande associação de conhecimentos místicos, filosóficos e iniciáticos regida por Oxalá e Xangô, dentro de um aspecto conhecido como Kaô, e tem como patrono João Batista (aquele quem batizou Jesus nas águas do Rio Jordão).

Esta linha é dividida em sete legiões, sendo: indianos; árabes, persas, turcos e hebreus; chineses, tibetanos, japoneses e mongóis; egípcios, maias, toltecas, astecas, incas; os caraíbas; os europeus; médicos, curadores sábios e xamãs.

Essa divisão um tanto heterogênica não é desprovida de méritos. Foram feitas por aproximações culturais ou geográficas e também pela atuação desses espíritos trabalhadores.

A LEGIÃO DOS INDIANOS é chefiada pelo Pai Zartu, conhecido como Zartu Indiano. Particularmente, na Casa onde trabalho, esse Espírito Chefe também é chamado nos trabalhos de cura. Os trabalhadores dessa linha são de origem da Índia, sacerdotes antigos, brâmanes, yoguins, etc. Ramatís, um espírito com diversos livros publicados, é associado a essa Legião.

A LEGIÃO DOS ÁRABES, PERSAS, TURCOS E HEBREUS é chefiada pelo Pai Jimbarue. Em suas fileiras estão os mouros, guerreiros do deserto chamados tuaregues, sábios árabes, mulçumanos e rabinos judeus. Uma curiosidade é que esses rabinos sabem os mistérios da Cabala e a usam nos atendimentos.

A Legião dos Chineses, Tibetanos, Japoneses e Mongóis é chefiada pelo Pai Ory do Oriente – Ori do Oriente, em outra grafia – e é composta pelo povo que dá nome à linha, mas também pela falange dos esquimós. Uma falange quase esquecida, que não dá consulta, mas que trabalha no desmanche de demandas, magia negra e descarrego de fim de trabalho. É muito comum sentir uma brisa gelada na manifestação dessas entidades enquanto esquimós. Inclusive seus médiuns geralmente relatam sentir os pés e mãos gelados.

A Legião dos Egípcios é chefiada pelo Pai Inhoarairi e é composta pelos antigos sacerdotes da antiga religião egípcia. Em suas fileiras encontramos muitos magos que conhecem a magia contida no *Livro dos Mortos*, entre outros mistérios egípcios.

A Legião dos Maias, Toltecas, Astecas, Incas e Caraíbas é liderada pelo Pai Itaraici, e é formada pelos espíritos de sacerdotes, chefes, guerreiros e pajés desses povos da América antes da chegada dos Europeus.

A Legião dos Europeus, liderada pelo Imperador Marcus I é formada por sábios, magos, mestres e velhos guerreiros de origem europeia: romanos, gauleses, ingleses, escandinavos, etc.

A Legião dos Médicos, Curadores, Sábios e Xamãs, conhecidos como a linha da cura, é chefiada por Pai José de Arimateia. Em minha Casa eles são evocados com as linhas de Zartu Indiano, Bezerra de Menezes e o Grande Pajé em uma grande linha de cura. Suas fileiras contam com espíritos especializados no poder curador, são conhecedores das ervas, curandeiros, médicos, raizeiros, xamãs de diversas origens, portadores do dom do corte e da cura.

- **Ponto de força:** locais desertos, praias, jardins, matas, santuários e altares domésticos.
- **Bebidas ritualísticas:** água ou chás perfumados.
- **Flores:** flores coloridas e perfumadas.
- **Saudação:** Salve o povo do Oriente!
- **Oferendas:** velas amarelas, azul-claras, rosas, laranjas e brancas; essências de alfazema, olíbano, benjoim, mirra, sândalo, tâmara e rosas brancas.
- **Cores:** branco, amarelo, azul-claro, rosa e laranja.
- **Alguns nomes de entidades do Oriente:** Caboclo Sultão das Matas, Orixá Mallet[10], Caboclo Peri, Pai Jacó do Oriente.

---

10. Existem controvérsias, alguns dizem que o Orixá Mallet era pertencente a Linha de Demanda (Ogum).

7

Linha da Quimbanda: Exus e Pombagiras

Exu

Para começar a falar de Exu, precisamos pedir para que se esqueça de tudo o que a cultura popular já falou sobre essa entidade. Primeiro que o Orixá Exu e os Espíritos-Guias Exus são entidades diferentes. Não se cultua diretamente o Orixá Exu na Umbanda.

Exu é tido como o mensageiro dos Orixás, trabalha na esquerda da Umbanda – conhecida como quimbanda – e representa tanto a comunicação, quanto o vigor e a aplicação da lei de causa e efeito. Essas entidades trabalham para todos os Orixás e em todas suas influências. Tem uma linha reservada para eles dentro das Sete Linhas de Umbanda; trata-se de almas desencarnadas que conquistaram certo grau de evolução[11] e têm a missão de auxiliar os espíritos desequilibrados, atuar contra os espíritos trevosos e desmanchar os trabalhos de magia negra feitos contra as pessoas. Seu local de atuação é diretamente no astral inferior, no umbral e nas zonas negativas. Os Exus não

---
11. No aspecto intelectual.

são espíritos atrasados[12] como muitos dizem, são abnegados trabalhadores que trabalham incansavelmente.

Exus são entidades em evolução, seu trabalho é dirigido principalmente no que implica a execução de tarefas mais densas. No entanto, são muito procurados para resolver os problemas da vida sentimental e material. Costumam trabalhar com velas, charutos, cigarros, bebidas fortes, punhais, pemba branca, preta e vermelha. Devido ao seu temperamento forte e alegre costumam atrair bastante os consulentes, principalmente porque quando falam que vão ajudar, certamente o farão.

Eles são temidos, pois muitas pessoas ainda têm a visão judaico-cristã ou preconceituosa de que são entidades maléficas. Isso é uma inverdade, os Exus trabalham nas paragens onde mais ninguém quer trabalhar, tais como: umbrais, zonas trevosas e o limbo, locais onde impera a violência, a negatividade e a maldade. Mas não são maléficos, eles trabalham para a luz, com uma ética própria, precisando, entretanto, se portar muitas vezes de forma rígida e enérgica, compreendendo que, em alguns locais, só a força intimida.

O fato de não serem de natureza maléfica, não permite que sejam evocados todos os tipos de Exus para incorporação. Cada médium tem determinados Exus que compõe sua coroa mediúnica e que irão trabalhar com ele ou ela. Existem certos Exus que podemos chamar – parcamente – de Exus de TRABALHO e outros de Exus de SERVIÇO. O de trabalho é o que incorpora, dá consulta, faz a frente do médium na sua defesa. Exu de serviço ou de ação são os que manipulam certos aspectos negativos da vida. São agentes da lei de ação e reação ou, do popularmente conhecido, Carma.

---

12. Porém ainda militam para resolver questões de suas próprias personalidades. Não são atrasados no sentido de ignorantes.

Não são entidades atrasadas. São espíritos com evolução mental, tendo alguns ainda em processo para a evolução moral. Alguns Exus são seres antiquíssimos que se perderam por algum motivo na evolução da vida, mas que são exímios manipuladores de energia e podem operar as forças como bem necessitarem. Em geral, os mais evoluídos têm que "apagar" temporariamente a sua luz. Esse é o motivo do uso simbólico das capas que vemos em suas manifestações fluídicas e do uso da cor negra em suas vestes astrais.

Os Exus são sustentados pelos Orixás Ogum (Lei) e Omulu (Regente das Almas).

Algumas lendas dizem que ele sempre está bebendo ou precisando de álcool. Exu não precisa beber! Isso se dá pelo desequilíbrio do psiquismo do médium. O álcool é um elemento vegetal, um desagregador de energias e pode ser usado como catalisador. Exu usa sua contraparte no astral, não necessita ingerir o mesmo para se utilizar dele ritualisticamente. Quando um Exu pede alguma bebida com teor alcoólico ele o faz para simplesmente manipular seus vapores e sua contraparte etérica. É bom notar que muitos medicamentos fazem o mesmo, o veículo para sua absorção do princípio ativo é em geral álcool de cereais, em xaropes e em outros remédios.

Exu não fala palavrão. O que também se dá devido ao psiquismo do médium. Um estudo mais aprofundado da mediunidade irá desmistificar muita coisa. Em sua natureza, ele aumenta e exterioriza aquilo que o médium traz dentro de si. Se o médium tem um caráter que tende a beber demasiadamente, seu Exu irá exteriorizar isso. Aqui ressalto mais uma vez a importância de estar sempre atento à Reforma Íntima do médium.

Exu não faz trabalho para o mal por conta própria, ele é neutro, não pode agir por sua própria iniciativa, simplesmente por querer, pois irá interferir no livre-arbítrio das pessoas e isso é uma afronta à Lei Maior. Quem sustenta o trabalho do Exu não é justamente a Lei? Como poderia afrontar a quem é superior a ele e o comanda? Não é plausível. Então não existe trabalho feito pelo Exu, existem sim trabalhos ruins feitos por pessoas egoístas, desequilibradas, más, invejosas, etc., que se utilizam da figura dele para enganar quem os está contratando. Quem irá fazer o mal com certeza não será um Guia de Lei, um Exu de Lei, será um quiumba, um egun, um espírito maléfico e desequilibrado. Quando se pede algo de ruim para seu Exu ele irá lhe dizer algo para fazê-lo mudar de ideia. Se não o ouvir, ele se afastará. Com esse afastamento, já que ele o protege, abrem-se portas por onde os espíritos trevosos e vampirizadores podem atuar na vida do ser humano. Isso é ainda pior na vida dos médiuns, pois eles podem ser vítimas de mistificação, obsessão e até fascinação.

Exu é polêmico, pois foi muito mal compreendido. Uma conversa séria com ele sempre traz boas informações. Exu trabalha na proteção, Exu trabalha na Lei. Exu não é mal ou bom, ele é neutro. Ele é Exu!

- PONTO DE FORÇA: encruzilhadas e cemitérios.
- BEBIDAS RITUALÍSTICAS: água, marafo, uísque, conhaque e cerveja.
- COMIDAS: farinha de mandioca, farinha de milho amarela, carne seca, pimenta, cebola e azeite de dendê.
- FLORES: cravos vermelhos e palma vermelha.
- SAUDAÇÃO: Laroyê Exu! Exu Omodjubá! Exuê!
- OFERENDAS: cigarros; charutos; moedas; punhais; pimenta dedo-de-moça e pimenta malagueta; padê de Exu; tridente; velas pretas e vermelhas; fitas pretas e vermelhas; marafo ou outra bebida alcoólica.
- CORES: preto e vermelho.

- ALGUNS NOMES DE EXUS: Exu Sete Encruzilhadas, Exu Catacumba, Exu Tata Caveira, Exu João Caveira, Exu Caveira, Exu Marabô, Exumaré, Exu Tiriri, Exu Tranca-Rua, Exu do Cruzeiro, etc.

Pombagira

Uma entidade muito polêmica pelos mesmos motivos dos Exus, a Pombagira – que também pode ser chamada de Pombogira, Pombojira, Bombogira e até Exu-mulher – é a responsável pelo desejo humano. O desejo não tem a ver somente com a função sexual. Por exemplo: para conseguir um emprego, primeiro temos que desejá-lo, senão toda a ação será infrutífera.

A Pombagira atua estimulando, desestimulando ou neutralizando os desejos, conforme a necessidade. Porém, assim como Exu, é uma entidade que precisa ser acionada, ou seja, só atua por ordem de forças maiores, sempre de acordo com a Lei Maior.

Elas chegam sempre dando gargalhadas, com traços de sensualidade no andar e no olhar. Mas isso nada tem a ver com promiscuidade ou vulgaridade. Pombagiras não são e não foram prostitutas arrependidas, são apenas espíritos humanos afinizados com o desejo e com a manifestação do poder feminino. Nossa sociedade machista e patriarcal tentou transformar toda manifestação de poder e sensualidade do sexo feminino em algo ruim, pecaminoso, o que não é o caso da Pombagira.

Algumas dessas entidades podem ter tido vidas como mulheres da noite, como é o caso da conhecida falange da Dama da Noite, porém, nem todas foram assim. A crença popular diz que a Pombagira é mulher de sete Exus, em linguagem simbólica, essa crença deixa implícito que apenas uma Pombogira (mulher) faz o trabalho de sete Exus (homens).

Com seus perfumes, suas cores, algumas pulseiras, elas operam as manifestações e movimentações energéticas nos campos dos seres. Existem algumas trabalhadoras nesta linha que se designam Pombagira Cigana. Não é que toda Cigana seja uma Pombagira, mas algumas Pombagiras têm vínculo com a cultura Cigana.

Uma Pombagira não precisa necessariamente beber, pelo mesmo motivo que os Exus. E jamais irá se insinuar sexualmente a um consulente ou irá se aproveitar disso para tocá-lo ou por ventura assediá-lo. Isso mais uma vez é desequilíbrio no psiquismo do médium.

Muitas Pombagiras usam o nome Maria antes de seus nomes simbólicos, tais como: Maria Padilha, Maria Mulambo, Maria Farrapo, Maria Navalha, Maria Quitéria, etc., demonstrando uma afinidade com Oxum em seu sincretismo com Maria.

- **Ponto de força:** encruzilhadas e cemitérios.
- **Bebidas ritualísticas:** água e champanhe.
- **Comidas:** farinha de mandioca, pimentas, coração de galinha, fígado e frutas.
- **Flores:** rosas vermelhas.
- **Saudação:** Laroyê Pombagira! Pombagira Omodjubá! Exuê!
- **Oferendas:** cigarrilhas; cigarros com aroma; colares; pulseiras; brincos; pimenta dedo-de-moça; padê de Pombagira; tridente; leque; taça; velas vermelhas; fitas vermelhas e champanhe.
- **Cores:** vermelho e em alguns casos o preto.
- **Alguns nomes de Pombagiras:** Sete Saias, Maria Mulambo, Maria Quitéria, Maria Bonita, Maria Farrapo, Maria Padilha, Dama-da-Noite, Pombagira Menina, etc.

8

Os Nomes Simbólicos dos Guias Espirituais

A coisa mais comum é um consulente dar preferência a certa entidade que já tenha familiaridade, ainda mais se ela trouxer um nome na qual ele já tenha confiança. Porém, essa questão traz algumas dúvidas básicas: como pode um Caboclo Arranca-Toco estar incorporado aqui e em outro Terreiro? Ou, ainda pior, como pode no mesmo Terreiro ter dois Caboclos Arranca-Toco trabalhando juntos?

A resposta para essas perguntas é simples: trata-se de entidades diferentes que se utilizam do mesmo nome! A ideia pode parecer óbvia para quem já frequenta o Terreiro há muito tempo, porém, a premissa não é verdadeira quando se trata dos iniciantes. Os Guias Espirituais se utilizam na verdade de nomes simbólicos, que representam a sua falange e linha de atuação. No caso do Caboclo do exemplo, ele é um entre muitos Caboclos Arranca-Toco. São espíritos que têm afinidade com o Arranca-Toco original, que também pode ser um Encantado – um espírito que nunca tenha vivenciado uma existência humana ou que se encantou.

Na verdade, o Caboclo Arranca-Toco que incorpora no médium João pode ter sido André em uma vida, e o Arranca-Toco que incorpora no médium José pode ter sido Sebastião, mas quando tomados pelo arquétipo da sua linha de atuação, tomam para si os trejeitos e a forma de agir do Arranca-Toco original, que seria o irradiador original dessas entidades com esse nome. Mas, mesmo assim, algumas particularidades fazem com que as manifestações sejam próximas, similares, mas nunca idênticas. Isso se deve ao que é comumente conhecido como Terceira Energia.

Podemos tentar identificar para quais forças trabalham determinados Guias. No caso do Caboclo Arranca-Toco sabemos que ele pertence à linha dos Caboclos, sustentada por Oxóssi. Avançando, temos o Arranca e o Toco, que podem ser relacionados tanto a Ogum, pois arrancar é um ato físico, e toco, que é o que sobrou de uma árvore que já morreu, o que abre o campo da regência de Omulu. Então esse Caboclo é possivelmente um trabalhador que atua na regência desses três Orixás, pela linha e pelas forças.

Mas, essa não é uma ciência exata. Devido a algumas entidades militarem em mais forças do que simbolizam seus nomes, elas podem optar por ocultar alguns atributos que muitas vezes acabam sendo representados em seus pontos riscados; ou então podem se utilizar de nomes simbólicos mais fechados, como, por exemplo: Pai Joaquim de Angola. Não dá para determinar exatamente as forças que Pai Joaquim trabalha só pelo seu nome. Nesses casos, devemos nos atentar para a simbologia em seus pontos riscados, ou melhor, perguntar para a própria entidade.

O estudo detido do nome da entidade, sua linha de atuação, seu ponto riscado, entre outros, traz uma maior assertividade nos trabalhos.

PARTE 2

ESPIRITUALIDADE E MEDIUNIDADE

9

Mundo Espiritual

Para entender o mundo espiritual, basta um exercício de imaginação a fim de projetar e consolidar mentalmente o que podemos lá encontrar. Por meio de relatos de vários médiuns, inclusive muitos que fazem desdobramento astral, foram trazidas ao plano material muitas informações desses locais, onde os espíritos se agrupam. Na própria obra de Allan Kardec, quando se fala dos agrupamentos de espíritos afins e simpáticos, trata-se brevemente sobre esse assunto.

O mundo espiritual é composto, na verdade, por diversas dimensões e realidades que se sobrepõem e coexistem, e que são muitas; não temos conhecimentos de todas elas. Os relatos que possuímos são dos mundos espirituais, do plano espiritual e alguns do plano astral. O Plano Espiritual é aquele em que os espíritos desencarnados habitam e, possivelmente, onde estão localizadas as colônias espirituais. Já o plano astral é ainda o plano material, mas em uma realidade paralela a nossa, o que muitos chamam de crosta ou plano zero. Seria então a visão do plano material pelos olhos espirituais.

Ainda contamos com a existência das zonas negativas ou trevosas, que muitos chamam de umbrais. Essas regiões negativas já foram retratadas em romances mediúnicos, como o *Vale dos Suicidas, Nosso Lar* e *O Guardião da Meia-Noite*. Os espíritos são encaminhados a uma região conforme a sua vibração e frequência, por isso o nome *Vale dos Suicidas* é o local onde vários espíritos que tomaram suas próprias vidas se encontram por afinidade vibratória. O mesmo ocorre no Umbral e nas Colônias Espirituais, inclusive as que dão sustentação a Umbanda, como Aruanda, Juremá, Humaitá e outras.

As leis do plano espiritual são diferentes das leis físicas do plano material. Lá, o mental é dominante, porém, ainda assim, existem escalas ou níveis de evolução que diferenciam os locais do plano espiritual. Quanto mais elevado um espírito, mais sutil ele se torna e mais "para cima" na escala ele habitará, até o ponto em que já não terá mais um corpo perispiritual (que ainda é composto de certa forma de um tipo de matéria) e não poderá mais se manifestar no plano material. O mesmo ocorre na direção inversa, densificando de tal forma o corpo espiritual que o mesmo se torna incapaz de se manifestar no plano material.

Os espíritos não têm necessidades de subterfúgios ou sustento físico, se nutrem das energias cósmicas. Logo, não precisam de bebidas e comidas, não sentem frio ou calor, não precisam de repouso e não possuem vícios. Porém, alguns espíritos que ainda trazem reminiscências terrenas podem se utilizar desses elementos.

Quando há o momento de transição do plano material para o espiritual, deixar de lado todos os prazeres da carne é o que causa mais problemas. Então, as equipes do astral, especializadas nesse acolhimento, trabalham para que esses espíritos recém--desencarnados se livrem dessas necessidades. Atuam suplementando muitas vezes com fluidos magnetizados e energizados, formas plasmadas de alimentos e, inclusive, alguns possíveis vícios. Quando esse tipo de artifício e tratamento não funciona, pode o espírito cair em negatividade, dando origem aos muitos espíritos errantes em busca da satisfação dos vícios terrenos.

Nesse momento é importante frisar que os Guias de Umbanda que se manifestam pedindo cigarros, bebidas e outros elementos, não se enquadram nesse perfil de espíritos negativos, eles não têm essas necessidades, apenas manipulam energias para o nosso benefício no plano material.

10

Lei de Causa e Efeito

Esta lei também é, erroneamente, conhecida como Lei do Carma. O conceito de Carma e Darma é de origem hindu, mas podemos associá-los a uma das leis herméticas, a Lei de Causa e Efeito: "Toda causa tem seu efeito, todo efeito tem sua causa." Existem muitos planos de causalidade, mas nenhum escapa à Lei. Em outras palavras, tudo que é feito acaba retornando a quem o fez.

O Universo – e todas as dimensões – são regidas por leis universais determinadas por Deus. Dentre essas leis, a "ação e reação" ou "causa e efeito" é a que mais sentimos, pois ela é palpável e está exemplificada em todas as religiões do mundo, inclusive no evangelho de Jesus. Só essa ideia deveria servir para o ser humano andar em uma conduta ilibada, porém, os prazeres da matéria, os desequilíbrios emocionais, a manipulação midiática e a própria sociedade nos impele a ir por outro rumo, desqualificando a religião como meio de educar a moral e deixando à voga a transitoriedade da vida, como objetivo final da existência.

O Carma em sua concepção original significa ação. São as ações da sua vida tomadas de forma positiva ou negativa, que irão contar para essa lei de ação e reação. A simples menção dessa palavra já gera ilustrações no mental sobre atitudes negativas que um dia voltarão a nos assombrar, mas não é bem assim.

O Carma é mais como uma contagem de todas as suas ações. Em uma comparação lúdica seria como um placar, somando ou subtraindo pontos conforme as ações perpetradas pelos seres encarnados – e por que não desencarnados também? –, que determinariam até que ponto se atingiu os objetivos traçados no seu plano reencarnatório.

Nem sempre as dívidas e ações feitas por nós são "pagas" na mesma moeda. Não é porque cometeu um homicídio que será vítima de outro, até porque se assim fosse, continuaríamos em um ciclo sem fim por toda eternidade. Essa é uma lei tão fundamental que a própria física a utiliza baseada na terceira Lei de Newton:

> Lei III: Para toda ação há sempre uma reação oposta e de igual intensidade: ou as ações mútuas de dois corpos, um sobre o outro, são sempre iguais e dirigidas em sentidos opostos.

11

Manifestações Espirituais

Um dos pilares da Umbanda define que o Espírito é eterno e imortal. Sabendo disso, é compreensível julgar que ele tem o poder de se manifestar e se fazer compreender. Assim como o estrangeiro pode se utilizar de um tradutor para transmitir suas comunicações, um espírito se utiliza de um intermediário, e este acaba ganhando a alcunha de Médium, palavra cunhada por Allan Kardec que significa meio, intermediário. Portanto, o alerta aos médiuns vaidosos que acreditam deter o poder nas mãos, é que vocês não são nada mais que ferramentas, que podem ser utilizadas de forma positiva ou negativa conforme a sua própria conformidade moral e intelectual.

As manifestações espirituais não começaram com Kardec, elas são conhecidas desde os primórdios da humanidade, contudo, conduzidas e nomeadas de formas diferentes. Podemos encontrar relatos de projeção astral entre os indianos, práticas contemplativas e meditativas entre os budistas, assim como gregos, romanos, egípcios, sumérios, fenícios e outros povos que se utilizavam de alguma forma de canalização espiritual, por meio da incorporação, psicofonia, transe, escrita direta e tantas outras formas e manifestações da mediunidade. Isso sem contar os profetas, os clarividentes e clauriaudientes que são retratados por toda a história humana.

Os conhecimentos espirituais não são ilusões de povos intelectualmente atrasados ou supersticiosos, são um bem para toda a humanidade, que ficaram por muito tempo encalacrados em sociedades fechadas ou iniciáticas devido ao desvirtuamento dos ideais primordiais de uma evolução espiritual. Como a mediunidade é ferramenta neutra, poder-se-ia usá-la de formas nem sempre éticas. Eis o grande motivo de a mediunidade ter sido conduzida secretamente através dos tempos por ordens de cunho mágico, religioso e filosófico com regras morais rígidas. Porém, com o advento da iluminação no ocidente por meio do positivismo, foi aberto aos seres humanos comuns muitos desses conhecimentos, com obras espirituais como as de Allan Kardec.

O pedagogo francês não descobriu nada novo, ele apenas compilou em livros os conhecimentos passados pelos próprios espíritos, para que, assim, fossem padronizados, evitando erros cometidos em outras eras da humanidade, não só ficando nessa manifestação, mas em outras tantas, como, por exemplo, a própria teosofia.

12

Evolução Moral e Intelectual – Reforma Interior

Contamos com duas vias para dar cumprimento a nossa evolução e melhoramento: a via intelectual e a via moral. Apesar de separadas, as duas são igualmente necessárias para a ascensão do espírito, mas podem ser trabalhadas de formas distintas, e não são, necessariamente, desenvolvidas conjuntamente.

A via de evolução intelectual é mais fácil de ser atingida, pois iremos nos educar para racionalmente sabermos a diferença entre o que é certo e errado, nos aprofundando em estudos, abrindo campos novos para a mente. Aprimorar-se intelectualmente está intrinsecamente ligado a se instruir muito por livros, palestras, vídeos, áudios, conversas, cursos e qualquer método de aprimoramento intelectual. Seja ele guiado por um mestre, seja feito de forma autodidata.

Contudo, a via moral é onde as coisas são mais complicadas, pois trata do íntimo do ser humano e, nesse aspecto, toda a humanidade ainda se encontra atrasada; não sabemos como lidar com as diferenças e respeitar os direitos dos outros.

Não sabemos lidar com emoções e sentimentos que conflitam com nossas paixões inferiores, não sabemos perdoar e não sabemos pedir perdão. É nessa via que o bem é feito sem esperar algum retorno, onde o intelecto cede lugar ao Evangelho, nas palavras de amor e candura de Jesus. Um ótimo exemplo dessa via é a manifestação de um Preto-velho, sujeito humilde, andando encurvado, sempre beijando a mão do consulente, dizendo de forma mansa o que se tem a dizer. Ele muitas vezes passa a impressão de que é alguém sem condições intelectuais, ignorante, analfabeto e que não teve acesso ao estudo e conhecimento do senhor branco, porém, é extremamente religioso e temente às leis de Deus, tem fé em Jesus e leva seus ensinamentos como tem de ser levado, com amor e resignação.

O melhor nesse aspecto é se desenvolver em ambos os pilares. Essa evolução só pode ocorrer por meio de uma profunda transformação, que não ocorre do dia para noite, mas que é sim, uma luta constante e diária para a evolução. A isso damos o nome de Reforma Interior ou Reforma Íntima, um tema controverso por si só. Muitos acham que praticam essa reforma, mas poucos de fato sequer a entendem, muito menos a praticam. É muito corriqueiro ouvir a frase: "Ou você vai por amor ou vai pela dor".

A Umbanda não é uma religião de manifestação espiritual apenas. Seus médiuns, em grande parte consciente, são alunos nesse grande colégio. A Reforma Íntima se processa todos os dias, quando lutamos contra aquela raiva, contra aquele momento de fúria, contra as invejas e cobiças, quando procuramos ler um trecho do evangelho, quando decidimos deixar uma situação desagradável de lado, quando nos compadecemos da dor do outro. Tudo isso, e muito mais, irá melhorar o ser humano no aspecto moral, trazendo verdade e cristalizando-se dentro de si, como uma lapidação. Os Espíritos de Lei e Luz só conseguem se manifestar fielmente em médiuns que procuram se aprimorar; eles sabem quando o filho está se esforçando para tal. Mas isso não é motivo de usar a desculpa de tentar e não conseguir, de alguma forma há de melhorar em algum aspecto. O Vovô Chico, entidade que se manifesta em nossos trabalhos, costuma dizer que "enchemos nossa trouxa para vir a essa vida com algumas pedrinhas e, quando voltamos, devemos pelo menos ter trocado as pedrinhas". Eis uma metáfora para que, se não for possível se livrar das paixões inferiores que já trouxemos; que pelo menos as modifiquemos até que não reste mais nada de inferior nelas.

A Reforma Íntima é um exercício necessário mesmo aos não médiuns, pois por meio dela iremos compreender a vida melhor e assim, evitar as intempéries do mundo material, livrando-nos da nossa cruz em uma vivência futura, ou pelo menos a aliviando.

13

Mediunidade

Mediunidade é uma faculdade latente a todos os seres humanos, que consiste em sentir e interagir com o mundo espiritual ou invisível. Os seus possuidores são chamados de médiuns ou intermediários. Na Umbanda, são costumeiramente chamados de cavalo, burro ou aparelho.

A mediunidade não é uma exclusividade dos sistemas espiritualistas como o Espiritismo, a Umbanda, etc. Ela é tão antiga quanto à humanidade e é um dos sentidos do ser humano, sendo chamada muitas vezes de sexto sentido por fazer parte da máquina humana para interpretar o meio onde vivemos.

Apesar de estar presente em todos os seres humanos, ela se manifesta de forma muito singular em cada um e está intimamente atrelada aos objetivos que trouxemos na encarnação. Podemos ainda encontrar casos que a mediunidade é determinada como ferramenta para expiação, provação ou missão, se manifestando de forma mais ostensiva.

Mesmo sendo força latente, não impele que todos possuam todas as nuances da manifestação mediúnica. Temos várias qualidades de médiuns e tipos de mediunidade, logo, um médium pode possuir a faculdade de psicografia enquanto outro é clarividente. Dizer que somos todos médiuns é o mesmo que dizer que todos podem interagir com o mundo dos espíritos, mas nem sempre essa interação se dará de forma tão ativa ou ostensiva. O fator mediúnico que é comum a todos os seres humanos é a faculdade de intuição ou mediunidade intuitiva.

Na Umbanda, alguns tipos de mediunidade são mais frequentes, dentre elas:

- Mediunidade de Transporte
- Mediunidade de Inspiração
- Mediunidade de Suporte
- Mediunidade de Incorporação.

Entretanto, podemos e devemos incluir outros tipos de médiuns em nossos trabalhos na Umbanda, que ficaram – por algum motivo não tão claro – fixados na incorporação.

É comum o iniciante entrar no Terreiro já querendo "receber" seus Guias através da incorporação. Um erro muito recorrente nos dias atuais é forçar a esse médium crer que ele irá receber, em algum momento, um Guia por incorporação. Mas, e se essa não for a sua faculdade mediúnica? O fator de frustração será tão alto que poderá comprometer toda a programação de vida desse irmão. Essa curiosidade deve ser refreada, pois sem um propósito é campo fértil para desequilíbrios e ataques espirituais.

Os exercícios de paciência são recomendados, procurando enxergar as coisas do Terreiro de forma mais ampla, além do simples ato da consulta e do médium ali dando passividade.

Não vou me estender sobre as faculdades mediúnicas, que já foram muito bem descritas no *Livro dos Médiuns* de Allan Kardec e também na obra *Mediunismo do Espírito* de Ramatís.

Porém, vou falar sobre as faculdades mediúnicas mais comuns dentro dos trabalhos de Terreiros.

As mediunidades de Suporte e Inspirativa são as mais comuns, elas se valem da sensibilidade do próprio médium para se manifestar, independentemente da ação de um ser espiritual, mas com forte apelo e uso por parte deles. A mediunidade Inspirativa serve para passar ao médium sensações do mundo astral, que sente os influxos de energia e por vezes pode até se sensibilizar. O médium de Suporte é o doador da energia ectoplásmica, ou bioenergia, para os trabalhos que ocorrem durante as giras. Mesmo não sendo uma mediunidade que se manifesta ativamente, ela é essencial para toda a sorte de trabalhos a serem realizados, desde o passe magnético até o caso de desobsessão.

A mediunidade de Transporte e a de Incorporação se assemelham no mecanismo, mas divergem no objetivo. Um médium de transporte serve de ponte e de "máquina de choque anímico" para os espíritos menos adiantados ou perturbados. Por vezes, é necessário sentir o choque da energia anímica, que é a energia da matéria e do duplo-etéreo, para que esse se reequilibre e desperte.

A incorporação é uma categoria diferente de manifestação mediúnica, descrita de forma velada por Kardec no *Livro dos Espíritos*, porém é de conhecimento de todos. Incorporação não é o nome ideal, pois sugere que um espírito toma conta de nosso corpo, ou seja, entra nele. A incorporação não ocorre assim, ela se manifesta com uma junção de diversos outros dons mediúnicos trabalhando em sincronia. Na incorporação temos a manifestação mais comum da mediunidade de fala, de inspiração, de intuição e audiente, e o espírito também impressiona os centros vitais, inspirando e intuindo os movimentos do corpo do médium, de onde surgem os trejeitos das entidades. Nesse caso, assim como em outros casos de mediunidade não citados, ainda podemos subdividir em três categorias: Inconscientes, Semi-Conscientes e Conscientes.

Ser um médium Inconsciente é o desejo de todos os novos médiuns. São raros nos dias atuais e podem ser até perigosos para o médium em si. Por ficar totalmente adormecido em sua consciência, o médium não tem como interferir no trabalho que está sendo realizado. Quando isso ocorre com espíritos evoluídos em alinhamento com o bem e com a prática da caridade, não há problema algum. Contudo, caso o instrumento esteja desequilibrado, ele não conseguirá sintonia adequada com os seus mentores, abrindo espaço para mistificadores e obsessores, motivo pela qual o médium Inconsciente deve sempre procurar primar pela sua Reforma Íntima – apesar de servir para todos, sem exceção –, mas, nesse caso, redobra-se a atenção.

O médium Consciente é aquele que tem total consciência de tudo que ocorre com seu corpo, podendo até, muitas vezes, interferir na comunicação. Em toda comunicação espiritual ocorre uma troca de energias, fluídos e ideias, criando um amalgama entre o ser desencarnado e o encarnado, resultando em uma terceira energia por assim dizer. Então as impressões do médium se fazem presentes na comunicação, principalmente no início do desenvolvimento mediúnico. Isso com o tempo começa a diminuir, mas não se escasseia, pois, o perispírito do médium não se afasta totalmente da matéria.

Com o tempo, aprimorando-se por meio da Reforma Íntima e confiando nos Guias, a comunicação se torna mais espiritual do que terrena. Por isso que se recomenda muito estudo para essa classe de médiuns, para desmistificar e para não incorrer na exacerbação e no desequilíbrio. Ser Consciente não implica que o espírito não tenha controle da matéria, ele tem, porém só pode agir nela com o seu consentimento. É a mais comum das mediunidades e de maior proveito, pois, desta forma, podemos aprender com o consulente as mensagens e lições de nossos Guias.

O médium Semiconsciente é mais um conceito. Seria o meio termo entre a inconsciência e a consciência, porém, ainda podemos considerá-lo consciente, o que o difere no caso é o nível de confiança que tem com o Guia que se manifesta. Muito do que é passado nas consultas e durante o transe se perde depois, em alguns casos ficam parecendo como sonho, nublados. Começamos a perceber que entramos nessa condição mediúnica quando perdemos a noção de tempo durante o transe.

Muitos médiuns têm medo de se assumirem conscientes, outorgando a si determinadas alcunhas de inconsciência ou semiconsciência. Não há mal algum em ser um médium totalmente consciente. Deus, em sua plena sabedoria, não iria nos imbuir com faculdade semelhante se não fosse para o nosso aprimoramento. Dizer-se inconsciente ou semiconsciente quando não o é, demonstra a imaturidade do médium e o quanto esse ainda precisa se aprimorar em sua Reforma Íntima.

Ainda são comuns nos Terreiros de Umbanda as mediunidades de clariaudiência, clarividência e a mediunidade de cura.

14

Fenômenos

Muito comuns na aurora da Umbanda, as manifestações fenomênicas eram pautadas em exageradas apresentações. De fato, na época poderia ser necessário, já que era uma nova religião que estava se formatando e a consciência da época exigia provas para as manifestações, a fim de impressionar os demais. Porém, já não vivemos na época das provas, e por mais interessantes que fossem não vemos mais Guias andando em cacos de vidros ou prendendo velas nas paredes com a força do pensamento, exatamente da mesma forma que não vemos mais os espíritos suspenderem mesas no ar.

Hoje são primordiais a fé, o estudo e a disciplina. A fé que temos que cultivar é sempre pautada na razão. Não basta apenas acreditar cegamente em algo para que se torne uma verdade; é necessário vivenciar aquilo. Esse tipo de manifestação mediúnica – como a materialização – exige grandes quantidades de ectoplasma a serem doados, e o objetivo da Umbanda, hoje, não é mais se fazer acreditar, e sim auxiliar. Isso ainda ocorre em outras religiões mais fechadas, principalmente no Caribe, mas não é o caso da Umbanda.

15

Animismo

O animismo é uma pauta que merece muitos comentários, além de demasiados estudos. A palavra deriva do termo *Anima*, que significa "princípio vital".

Na literatura espírita, o termo animismo é usado para designar um tipo de fenômeno produzido pelo próprio espírito encarnado sem que ele seja um instrumento mediúnico da ação espiritual, e sim o artífice dos fenômenos em questão. Em toda manifestação mediúnica, mesmo nas inconscientes, há o concurso do animismo, pois somos seres encarnados. O próprio uso do ectoplasma é uma forma de manipulação ou manifestação anímica.

O que se deve levar em consideração, é que o animismo não pode jamais sobrepujar o mediunismo. É muito comum ver em Terreiros os médiuns "passarem à frente dos Guias" como diz a gíria do Terreiro. Ou seja, deixar que suas próprias impressões, preconceitos e afins tomem forma e corpo nas consultas espirituais. Ninguém está livre disso e todos devem manter a vigilância redobrada. Geralmente, quando acontece uma manifestação exagerada de um Guia fazendo ou agindo de forma inapropriada – em desacordo com o local e com as regras do Terreiro – está havendo uma influência do próprio médium, sobrepujando o espírito comunicante.

Os mentores sempre nos lembram de que o corpo é nosso, então, temos a primazia sobre ele. O Espírito-Guia apenas irá respeitar essa condição, contudo, se não estiver de acordo com seu pupilo ou tutelado, ele irá se afastar. É quando se abrem os processos de mistificação e, ainda pior, de obsessão espiritual.

Um médium anímico, mesmo sem o concurso direto dos espíritos, não é ruim. Ele está apenas desorientado, precisa rever suas posições, deixar o orgulho e a vaidade de lado e procurar o estudo. O auxílio de outros membros da corrente e do dirigente espiritual é também de extrema importância nesse processo, afastando-o das consultas e o colocando em tratamento. Novamente vemos aqui a importância da Reforma Íntima.

Dentro da seara umbandista, não há espaço para sentimentos negativos, que são antagônicos com a evolução que pregam nossos Guias; as do sentimento de amor e da caridade.

16

Mistificação

A mistificação é um dos mais graves flagelos que se pode ter dentro de uma senda espiritualista. Ela ocorre quando um médium, ou suposto médium, não tem mais o concurso dos espíritos. Por vezes, acaba por imitar os trejeitos das linhas de trabalho, ludibriando os consulentes e a si mesmo, pois a espiritualidade a tudo vê; mesmo onde o olho humano não alcança.

Diferentemente do médium anímico, o sujeito mistificador é sim afetado em caráter e em conduta moral. Está premeditando ao enganar aqueles que o procuram, para, de alguma foram, se destacar ou demonstrar um poder que não possui. A mediunidade é ferramenta de trabalho, é um caminho, e o poder manifestado não é o do médium, mas das entidades que o assistem. Nós somos apenas o lápis pelo qual os espíritos transmitem as suas mensagens, aparelhos em aprendizado, nada poderosos ou possuidores de faculdades sobrenaturais que nos transformariam em supostos deuses menores. A humildade sempre deve ser o posicionamento padrão dos médiuns.

Um dos grandes problemas de um mistificador, é que ele começa a atrair entidades negativas que encontram sintonia em sua frequência vibratória, abrindo espaço para casos mais graves de obsessão espiritual. A qualidade moral do médium se faz imprescindível no trato mediúnico. Entre eles podemos encontrar mistificadores que possuem obsessões complexas em suas mentes, alguns estarão fascinados, outros serão maldosos e levianos, e muito mais. Os sentimentos que sempre trazem à tona essa desqualificação mediúnica têm nomes claros: vaidade e orgulho.

Um médium que acaba por mistificar tem que ser rapidamente retirado da corrente mediúnica, colocado em tratamento e impedido de manifestar qualquer tipo de incorporação ou outro dom mediúnico até findar seu tormento. Muitos não aceitam e acabam por se afastar do lugar de trabalho espiritual para fundar seu próprio local, com todas as regras deturpadas pelos seus egos adoecidos.

17

Obsessão

A Obsessão espiritual é o domínio ou influência de um espírito sobre um ser encarnado. Em sua concepção original, ela se manifesta de um espírito desencarnado para um encarnado. No entanto, em minha experiência, já constatei vários casos de obsessão entre encarnados e também de um encarnado para um desencarnado.

A obsessão é praticada por espíritos inferiores que querem dominar seus alvos. Os Espíritos de Lei não impõem nenhuma ação contra a própria vontade do médium, respeitando seu livre-arbítrio, e fazem parte do combate contra as más influências. Já os espíritos negativos ou inferiores não aceitam contrariedades e se prendem a aqueles que se sentem atraídos vibratoriamente. A obsessão não é culpa simplesmente do espírito desencarnado, mas, em sua maior parcela, da vítima, que permitiu que tal situação ocorresse não aprimorando seus sentimentos e não tendo lutado contra suas paixões inferiores, permitindo que sua vibração baixasse e se aproximasse desses espíritos negativos.

Para uma melhor compreensão, os casos de obsessão, segundo Kardec, podem ser categorizados como: obsessão simples, fascinação e subjugação. Esses tipos de obsessão já foram tratados na literatura espírita.

Os tratamentos efetuados nos Terreiros contra as obsessões espirituais vão, desde os passes magnéticos, passes energéticos, manipulações de elementos e oferendas, a toda sorte de ferramentas que a Umbanda possui.

Podemos ainda encontrar as obsessões coletivas e complexas – comumente chamadas de demandas – para o Terreiro ou para um grupo de pessoas. Ressaltando sempre que o Terreiro não é local para criar guerras ou brigas, mas posto avançado de acolhimento a todos aqueles que necessitam de ajuda.

18

Exageros e Condutas Erradas

É muito comum ver um médium novato ou alguns até mais experientes terem manifestações estapafúrdias, que chocam e beiram ao ridículo. Isso, no começo da manifestação mediúnica, desde que devidamente controlado e em um local ideal como uma gira fechada para desenvolvimento, é até aceitável, pois o médium ainda não tem total ciência de suas capacidades medianímicas[13]. Ouvimos nos Terreiros afirmações equivocadas, como: "Você precisa doutrinar seu Exu!", tendo em vista que o Exu é o Guia que se manifesta geralmente de forma mais grosseira na visão dos não iniciados nos rituais umbandistas. Como explicado anteriormente, o Exu é um espelho daquilo que o médium traz em si, exacerbando essas paixões e exteriorizando-as. Ele faz parte do seu mistério e é ferramenta de educação para o médium. Quando se diz que precisa doutrinar o Exu, na verdade, quem precisa de doutrina é o próprio médium.

Não existe doutrinação da entidade de Lei e Luz, pois ela sabe que não pode infringir as leis terrenas e também as regras

---

13. Termo utilizado por Ramatís que representa a união saudável entre a mediunidade e o animismo.

do Terreiro em qual está se manifestando para trabalhar na caridade. Quem faz isso não é Guia de luz! Devemos ficar alertas quanto ao animismo, à obsessão e à mistificação.

O médium precisa tomar consciência de que a mediunidade não é espetáculo, e que o congá não é picadeiro. Não devemos querer aparecer mais do que outro irmão de corrente só porque o Caboclo dele grita mais alto, o Preto-velho anda mais encurvado ou porque o Exu gosta de usar palavras bonitas. É necessário ter bom senso e saber os limites.

Bom médium é aquele que se entrega de corpo e alma ao trabalho de caridade e que segue os preceitos evangelizadores que o Mestre Jesus deixou. São regras morais de acordo com toda e qualquer religião, pois conduz o ser humano à ascensão. É chegada a hora de algumas desmistificações na Umbanda a fim de evitar esses acessos de estrelismo de seus médiuns, que devem ter suas atenções chamadas pelos Guias.

A espiritualidade é pontual e ordeira. Em uma Casa, manter o respeito com nossos irmãos de corrente e aos que lá procuram auxílio da espiritualidade, é imprescindível. Um Guia de lei jamais irá se manifestar antes dos Guias Chefes da Casa. Um médium jamais irá entregar a matéria antes da defumação ou do término das saudações e pontos cantados. Também jamais deverá ficar em Terra mais do que o Guia Chefe da Casa, salvo raras exceções.

Um médium jamais irá fazer trabalhos – geralmente jogando a responsabilidade para o Guia –, que possa ferir a integridade e a humildade daqueles presentes. Muitas vezes um trabalho grande, bonito e cheio de elementos é apenas uma afetação do médium. A entidade espiritual precisava mesmo era de uma singela flor para fazer a "mironga", porém, o cavalo achou que precisava do jardim inteiro.

Jamais devemos explorar a assistência de forma financeira, alguns chegam ao descabimento de falar que determinada entidade pediu tal e tal elemento, esse ou aquele perfume, determinadas bebidas e muitas vezes até dinheiro.

Não estou dizendo que não se deve pedir para que ela compre suas velas para firmar seu anjo da guarda em casa, suas ervas para banho e defumação e etc. – se puder. Para fazer o trabalho dentro da Casa Espiritual não é correto pedir para o consulente levar os elementos. Levar uma peça de roupa, uma imagem para cruzar ou um objeto seu é uma coisa aceitável. No entanto, pedir para adquirir no comércio mundano itens que serão usados em um trabalho na próxima gira, não é conveniente. Muitos frequentadores são pessoas humildes e sem recursos financeiros que, mediante uma situação dessas geram bloqueios psicológicos, crendo que não serão atendidos em suas mazelas ou que são inferiores por não poder adquirir os materiais exigidos para um determinado trabalho.

Também não é uma prática aceitável – neste caso até condenável – cobrar, seja em espécie, seja em forma de troca, qualquer caridade ou trabalho praticado dentro da Casa Espiritual. Temos que dar de graça o que de graça recebemos, e nossa mediunidade está enquadrada nessa categoria. Não devemos aceitar, e muito menos pedir, presentes de consulentes. Quando um consulente quer fazer algo para agradecer, devemos sempre manter uma postura condizente com o lema da Umbanda: a CARIDADE. Caso o consulente deseje comprar algo para "pagar" a ajuda recebida, sempre oriente que ajude alguma pessoa carente ou uma entidade assistencial. Por mais problemas ou dificuldades que temos em nossas vidas pessoais, não podemos fazer de nossa mediunidade moeda de troca, ela não pode ser mercantilizada.

Xingamentos, palavras incorretas ou ficar com raiva do consulente também não é permitido. Devemos entender que o consulente está ali em aflição e não entende que o processo às vezes é lento e que, muitas vezes, nem merecedores são. Uma entidade ajuda naquilo que ela pode até esbarrar nos braços da Lei Maior, de onde ela em respeito jamais passará deixando a lei de ação e reação agir nesses casos. Mesmo que o consulente não seja compreensivo por não ter seu pedido atendido – como se os Guias fossem gênios da lâmpada – não se deve tentar mostrar a todo custo que as entidades realmente trabalham. Deixe isso a cargo da espiritualidade, pois somos apenas estudantes nessa escola chamada Planeta Terra.

Muitas dessas questões são evitadas com a Reforma Íntima, já abordada anteriormente neste livro. O bom senso deve sempre imperar nas ações realizadas dentro do Terreiro e em nossas vidas.

19

Passe Magnético e Energético

E rogava-lhe muito, dizendo: Minha filha está moribunda; rogo-te que venhas e lhe imponhas as mãos para que sare, e viva

Marcos 5: 23.

Jesus impunha as mãos nos enfermos e transmitia-lhes os bens da saúde. Seu amoroso poder conhecia os menores desequilíbrios da natureza e os recursos para restaurar a harmonia indispensável.

Emmanuel.

Existem diversos tipos de passes. Os chamados de energéticos ou os magnéticos diferem muitas vezes na forma e no tipo de energia manipulada, mas o fim é sempre o mesmo: trazer conforto mental, espiritual, emocional e físico ao receptor. A ideia é transmitir certos fluídos ou eflúvios a fim de reordenar um corpo ou espírito que está em desequilíbrio e desarmonia.

Algumas técnicas são desenvolvidas desprendidas de uma religião, é o caso do Reiki, que significa, em uma tradução aproximada, Energia Vital Universal. A técnica original foi desenvolvida por Mikao Usui, no Japão, porém, diferentes métodos de imposição de mãos foram sendo descobertos ou desenvolvidos com o passar do tempo, incluindo os sistemas tibetano, cristão, xamânico, umbandista e muitos outros.

A diferença é que com o Reiki, por exemplo, é necessário ter uma iniciação para se tornar um aplicador. Já com as técnicas de passe energético e magnético, todos estão aptos a aplicar o passe espírita, pois se utilizam da própria bioenergia e do concurso de espíritos ligados a esse tipo de atividade para transmitir os fluidos benéficos.

Em alguns tratamentos é imprescindível se utilizar do passe anímico, que funciona como um choque de bioenergia em um espírito desencarnado, por meio do receptor do passe ou não, seguindo a mesma lógica da mediunidade de transporte.

O passe atua nos corpos sutis do ser humano, não é o seu objetivo promover a cura material, mas sim a cura através do equilíbrio das energias dos corpos sutis. Equilibrando o seu lado energético e espiritual, espera-se uma resposta por sintonia no corpo material. Os médiuns passistas não precisam ser médiuns de incorporação. Muitas vezes somos passistas e nem sequer notamos, visto que é uma prática comum as entidades de Umbanda pedirem para seus cambones imporem as mãos nas costas dos consulentes ou em direção ao seu tórax.

As entidades benéficas também operam o passe com ajuda dos elementos. Elas aplicam o passe energético, ou seja, utilizam-se da energia ou da contraparte energética do elemento para promover mudanças e harmonizar o ser humano, além de operarem seus passes nos seres espirituais desequilibrados, que estão atuando contra o consulente de forma oculta.

Além disso, esses tipos de passes são necessários para retiradas de larvas astrais, miasmas, cascões e acúmulos energéticos, além da dissolução de cordões energéticos negativos.

PARTE 3

PRÁTICAS DE TERREIRO

20

O Terreiro

Terreiro, Centro, Casa, Tenda, Cabana ou Barracão são alguns nomes comuns dados a algumas Casas Espiritualistas que se dedicam à prática de Umbanda. Terreiro é derivado do gênero popular que se refere a um espaço vazio, geralmente encontrado nos fundos das casas; o famoso quintal. Essa designação se deu, por ser um local comum de reunião de muitas pessoas, inclusive para práticas espirituais. Damos o nome de Terreiro a toda estrutura física de uma Casa Umbandista, compreendendo todo o espaço do congá, da assistência, a tronqueira, o cruzeiro e as casas auxiliares.

A estrutura pode ser bem flexível, podemos encontrar Terreiros em garagens, quintais, galpões, sítios, sobrelojas, etc. Não importa a arquitetura do local em si, não há uma regra fixa para a construção de um Terreiro, o mínimo que se pede é que tenha um local para o altar, um local onde se procederá o atendimento (congá ou terreiro), uma tronqueira e um espaço para a assistência.

A Tronqueira

Também chamada de trunqueira – é o local do assentamento de forças dos Chefes da Esquerda de uma Casa Umbandista. Geralmente é uma casinhola com chão de terra batida – o que não é regra – com quartas (pequenos vasos com tampas) de barro e um local para acender velas e fazer as firmezas necessárias para os Exus e Pombagiras Chefes da Quimbanda do Terreiro. Existe a tradição de que a tronqueira esteja antes do local em que irão se realizar os trabalhos (congá) e, se possível, do lado de fora à esquerda de quem está passando por ela.

A função da tronqueira é a de ser um ponto de energia das forças da esquerda, que vão policiar a entrada dos encarnados e desencarnados, livrando-os de companhias espirituais indesejadas, além de "segurar" toda a energia negativa de uma Casa. Devemos ressaltar que os Exus não moram na tronqueira, não existe um Exu escravizado ali, tampouco é ele que dá forças ao local. A tronqueira é um ponto de força e firmeza para que eles trabalhem junto aos elementais ali firmados.

Uma confusão que vejo acontecer é o ato de firmar o Exu do Chefe do Terreiro na tronqueira, porém não é o mais recomendado. Existe toda uma falange de Exu Tronqueira ou Sete Tronqueiras, além de tantos outros que podem ser assentados para esse trabalho. Mas, definitivamente, o Exu não vai morar ali, ele apenas vai se utilizar do local. Geralmente, ele irá comandar os elementais que ali serão "alimentados" para fazer todos os tipos de trabalhos já citados.

Todos devem saudar a tronqueira ao passar por ela, principalmente os médiuns da Casa. Ao passar pela tronqueira, coloque-se de frente à sua porta e mostre seu respeito, pedindo licença para os trabalhos do dia. Peça apenas proteção e licença, sempre com respeito e humildade. Bata palmas três vezes e entoe: "Laroyê Exu! Exu Omodjubá!" Repita esse procedimento três vezes, tanto para Exu quanto para Pombagira.

Alguns chamam a tronqueira de Casa de Exu, mas a Casa de Exu é uma estrutura à parte onde são colocadas as firmezas e oferendas de trabalho dos médiuns ofertadas a ele, deixando a tronqueira apenas para a força regente da Esquerda do Terreiro, que são tanto o Exu quanto a Pombagira.

O Congá

Congá é tudo o que compreende desde o limite que separa a assistência até o altar.

Dentro do congá é onde realmente ocorrem os trabalhos espirituais. Não que os espíritos não estejam em toda parte, mas o congá é um local sagrado, consagrado para os trabalhos. Ao passar pela corda, simbolicamente devemos deixar o mundo mundano e entrarmos no sagrado mundo dos Orixás e dos Guias Espirituais.

Dentro dele encontramos os pontos das entidades, geralmente compostos de bancos e tocos de árvore, onde os Guias fazem suas firmezas antes do atendimento. Também encontramos o pejí, que é o altar, onde sempre em seu ponto mais alto estará Oxalá representado pela figura de Jesus Cristo. Podemos colocar outras imagens no pejí além de flores, fitas, ervas, conchas, frutos e demais elementos.

Ainda é comum existirem diversos pontos simbólicos com outras imagens ou ferramentas, que são as firmezas do Terreiro. É importante perceber que não é apenas decoração, cada tipo de firmeza tem uma função específica na proteção da Casa, da assistência, da corrente mediúnica e nas execuções dos trabalhos.

Como no caso da tronqueira, devemos sempre saudar respeitosamente ao adentrar tanto no Terreiro, quanto no congá. Simbolicamente, traçamos uma cruz no chão, fazendo o cruzamento de solo. Em seguida, pedimos licença para adentrar nesse local sagrado.

Uma prática muito comum é bater a cabeça no congá ou pejí, onde colocamos simbolicamente a testa e as duas têmporas em contato com o pejí ou com o chão na frente do mesmo. Alguns se ajoelham, outros se deitam e alguns apenas o fazem mentalmente. Acima de tudo, o que importa é a intenção; a espiritualidade consegue medir sua intenção nesse campo religioso.

O pejí, que pode ser chamado de congá ou gongá é um altar. Um ponto de força onde estão concentradas as forças magnéticas e os fluídos astrais das quais os Guias se utilizarão para os trabalhos nas giras de Umbanda. É também um portal por onde se manifestam certas entidades, Orixás, energias, etc.

Toda religião tem seu altar, seja ele feito de pedras, mesas, rochas, madeira ou qualquer outro material, não importa. É o local do *Altus* (latim) ou lugar mais abençoado, aquele que tem maior vibração energética. É o *Sanctum Sanctorum*, o mais santo dos santos. Ou seja, é o ponto sublime de um templo, não importa de que religião seja.

Além da beleza que possui, existe toda a sua simbologia, com seu cruzeiro, com a figura de Jesus encabeçando o altar e com as demais energias regentes da Casa. Alguns elementos comuns podem ser encontrados nele, como é o caso do cruzeiro.

A cruz não é um símbolo criado pelos cristãos, é um símbolo mágico utilizado por milênios. Já no Egito Antigo (4000 AEC – Antes da Era Comum), eram encontrados crucifixos chamados de Cruz Ansata ou *Ankh*, muito utilizado pelas deidades egípcias como chave para o mundo dos mortos (ou dos espíritos). A cruz tem uma simbologia completa, seus quatro pontos determinam o Alto, o Embaixo, a Direita e a Esquerda, e no Centro, o ser humano. Simbologia que diz que, para sermos completos, todas as nossas forças devem estar em equilíbrio. Na Umbanda, a cruz é geralmente associada aos Orixás Oxalá e Omulu (Obaluayê) e muito utilizada pelos Pretos-velhos e Pretas-velhas.

A imagem de Jesus representando Oxalá é outro simbolismo interessante. De braços abertos, é como se fosse um convite para a nossa aproximação, como se nos chamasse para um abraço acolhedor, além de representar a própria Cruz. Jesus é o sincretismo de Oxalá.

Muitos dizem que a Umbanda é uma religião afro-brasileira, contudo, tenho que discordar e dizer que é uma religião brasileira, e ainda por cima cristã, pois os ensinamentos da moral de Cristo são importantíssimos dentro da Umbanda. Converse com um Guia Espiritual sobre esse assunto, ele lhe dirá sobre o grande modelo que temos de seguir, que é Jesus.

Além disso, é comum encontrar no congá um velário, local destinado a firmar velas que foram acesas às forças de Umbanda.

Muitos elementos diferentes podem existir em um congá, o importante é que ele reflita o íntimo do Terreiro, o que ele realmente quer passar em seus ensinamentos e qual a sua direção espiritual. É nele que se deve assentar as imagens das forças que são apadrinhadores da Casa, assim como os Guias-Chefes.

21

A Curimba e os Pontos-Cantados

Não dá para imaginar uma gira de Umbanda sem a música dos atabaques, mas, por mais estranho que pareça, isso não é fundamento original da Umbanda e só foram inseridos aos trabalhos posteriormente.

A Curimba é composta de atabaques, ogãs e muita vibração. Geralmente um corpo de Curimba possui três atabaques: Rum, Rumpi e Lê. Eles se diferenciam no tamanho e no som que produzem. O responsável por tocar o atabaque é conhecido como ogã, tabaqueiro, atabaqueiro ou curimbeiro. Ele dará o ritmo às giras e é muito importante para manter a vibração do Terreiro de forma consistente.

Geralmente o ogã não incorpora, mas não é uma regra. Para se manter sempre firme a seu propósito, um ogã deve saber sentir a energia das giras, cantando os pontos que melhor refletirem a necessidade dos Guias incorporados.

O som é de extrema importância dentro do Ritual de Umbanda e existem diversos livros e cursos que falam sobre o assunto. Porém, antes de finalizar esse tópico gostaria de deixar claro algo sobre os pontos-cantados.

Esses pontos nem sempre transmitem o que realmente querem dizer. Eles têm funções energéticas dentro do Terreiro e da gira, operando funções mágicas, mantendo toda uma estrutura energética e, algumas vezes, desagregando as mesmas. É através dos pontos cantados que "chamamos" tanto os Orixás quanto os Guias Espirituais para trabalhar. Fazemos o mesmo para nos despedir dos Guias que "voltarão" ao plano espiritual.

Muitos pontos são trazidos pelas próprias entidades, inclusive na Umbanda mais tradicional, é costume a entidade trazer um ponto-cantado inédito sobre si mesmo, prática que foi abandonada com o passar do tempo. Os pontos cantados nem sempre estão em um português correto, visto que refletem a simplicidade do povo, que por muitas vezes fala um português arrastado, o que não diminui em nada a evolução desses espíritos e letras, pelo contrário, basta sentir a música tocar que o ponto flui facilmente.

Sendo assim, ao se deparar com um ponto que não está numa estrutura gramatical tão correta, não tente consertá-lo, entenda a história por trás desse hino e o porquê de ele precisar ser cantado segundo a tradição. Tradição não se muda, nós a mantemos.

22

Uso de Ervas

As ervas são utilizadas por todas as entidades em suas inúmeras e possíveis formas: chás, cataplasmas, unguentos, banhos, defumações, bate-folhas, entre outros. E é quase impossível imaginar um ritual de Umbanda sem o uso de ervas e flores. Suas propriedades fitoterápicas são exploradas, assim como as propriedades místicas e energéticas, usando tanto ervas frescas, quanto as secas, por meio de sementes, cascas, raízes e folhas. Para alguns casos, como a defumação, se utilizam até as resinas vegetais.

Chamaremos aqui de erva qualquer elemento vegetal, não importando se é uma semente, uma casca ou realmente a folha. As ervas contêm o axé – energia – dos Orixás, tendo Ossaim como responsável por elas, o que o levou a ficar conhecido como o "senhor das folhas".

Ossaim é um Orixá que na Umbanda trabalha a serviço de Oxóssi, em alguns outros rituais é o próprio Oxóssi que detém o conhecimento sobre as ervas. Através de rituais específicos, cânticos, benzimentos e rezas, desperta-se o poder das ervas para que sirvam como auxiliares em nossos tratamentos espirituais.

As ervas contêm o axé de todos os Orixás. Algumas, entretanto, possuem axés específicos de um determinado Orixá, por exemplo: a espada-de-são-jorge é uma erva totalmente de Ogum; e o boldo, que é conhecido como tapete, é uma erva de Oxalá.

Ainda em suas qualidades, elas podem ser absorvedoras e irradiadoras. E aceitam outras nomenclaturas encontradas na literatura umbandista, como quentes e agressivas, mornas e equilibradoras, frias e específicas. A qualidade da erva se dá pelo seu conhecimento e seu preparo em si, uma erva absorvedora poderá ganhar um poder irradiador ao ser preparada para tal. As qualidades são apenas formas de guiar mais facilmente o uso das ervas de acordo com suas propriedades.

Defumação

Corre gira pai Ogum, filhos quer se defumar, a Umbanda tem fundamento, é preciso preparar.

Cheira incenso e benjoim, alecrim e alfazema, defumai filhos de fé, com as ervas da Jurema.

Defumação é o ato de queimar ervas e se utilizar da sua fumaça aromática para limpar os miasmas, larvas astrais, energias estagnadas, etc., tanto em pessoas, quanto em ambientes. Os tipos de defumação são estabelecidos de acordo com o intento desejado. As ervas utilizadas se modificam, assim como a ritualística empregada, a ordem, o sentido e os desejos. Para defumação sempre usaremos as ervas secas e resinas, por motivos claros: nunca devemos utilizar na defumação plantas tóxicas como, por exemplo, comigo-ninguém-pode, espada-de-são-jorge, peregum-roxo e pimentas.

Dois tipos de defumação são frequentemente utilizados: a defumação de limpeza e a defumação de energização.

A intenção da defumação de limpeza é desagregar todas as larvas astrais que ficam parasitando o campo energético humano, assim como retirar os miasmas dos ambientes e afastar entidades negativas que sentirão vibrações contrárias as que lhe agradam. Além de serem utilizadas para proteção do local defumado.

Defumações são sempre feitas de dentro da casa para fora. Em casos de sobrados, o correto é começar do andar superior e traçar uma rota que, ao finalizar, dê para a porta de saída. Já a defumação de energização é realizada para trazer algum benefício ou energia, e fazemos no sentido inverso, trazendo de fora para dentro.

Há ainda a defumação de preparação de trabalhos espirituais que costumeiramente é feita na abertura dos trabalhos. As ervas, além de propiciarem a limpeza do local e, consequentemente, atração de bons fluidos, operam no campo psíquico e mental dos médiuns, mudando seu padrão de pensamento permitindo que eles tenham melhor conexão com as forças sutis do plano espiritual.

Uma das formas ritualística de impregnar um local com os fluidos benéficos da defumação com ervas, o que se recomenda no caso das defumações de limpeza ou energética, é que todas as janelas estejam fechadas e as luzes acesas, deixando apenas a porta de saída entreaberta.

A defumação é uma prática milenar que foi – e ainda é – utilizada por diversos povos e correntes religiosas. Os egípcios se utilizavam de defumadores, geralmente com resinas, para o preparo do ambiente para suas cerimônias religiosas. Os judeus ainda hoje usam incensos e aromatizadores para o mesmo fim. Os gregos utilizavam de defumações nos oráculos e templos, com a finalidade de atingir um estado alterado de consciência, permitindo que o sacerdote ou sacerdotisa antevissem o futuro, dando-lhes conselhos e orientações.

Nos presentes que os Reis Magos levaram ao menino Jesus, encontramos a mirra e o incenso (a resina de olíbano) e até hoje nas igrejas ainda se utilizam do turíbulo para defumar o local.

Os indígenas de todas as partes do mundo tinham a prática da defumação, assim como povos eslavos, africanos e os demais em todos os cantos do Planeta. A Umbanda também se utiliza dos incensos e defumadores, e ainda vai além, pois o fundamento por trás do seu uso do tabaco não deixa de ser uma espécie de defumação.

Os incensos de bastão ou mesmo os defumadores de pirâmide podem ser utilizados, mas não possuem a mesma potência e todas as propriedades de um incenso feito de forma artesanal, com ervas secas e pela própria mão dos médiuns.

Experimente fazer uma defumação com arruda, alecrim e guiné para limpeza de ambientes, podendo acrescentar rosa branca para ter uma defumação de proteção. Para prosperidade, faça uma defumação energizante com quebra-demanda, canela, cravo, mirra, benjoim, alfazema e noz-moscada. Para restaurar a saúde, coloque no defumador hortelã, arruda, guiné e sene. Para preparo mediúnico, meditação, contemplação e práticas espirituais, use rosa branca, jasmim e sálvia.

Banhos

Tomar um gostoso banho com ervas aromáticas se tornou artigo de spas e centros de relaxamento, porém a propriedade do banho vai muito além do puro relaxamento. O banho de ervas é uma das maiores recomendações dadas pelos Guias Espirituais e são indicados para fins diversos, como: limpeza dos campos energéticos, harmonização das energias, proteção energética, ativação de centros de força, saúde, etc.

Um bom banho de ervas associa os benefícios fitoterápicos, aromáticos e místicos. As ervas aromáticas remetem conforto, o que ajuda no aspecto psicológico. Algo que se deve pensar sobre o banho de ervas é como prepará-lo adequadamente e, posteriormente, como administrá-lo. Salvo quando o Guia indicar o contrário, os banhos devem ser preparados de duas formas, dependendo da natureza da erva e de sua condição.

Para ervas frescas e suas partes macias, é recomendado deixá-las em repouso com um pouco de água limpa, de preferência mineral ou de fonte. Essas ervas podem ser maceradas entre os dedos e deixadas repousando por no mínimo 12 horas, e no máximo, 24 horas. Esse tipo de preparação é comum para pétalas de flores e folhas.

Já para ervas secas, cascas, raízes e sementes, o processo é diferente. Folhas e flores secas são preparadas por meio de infusão, levando um pouco de água até próximo da fervura e despejando por sobre as folhas e flores secas. No caso de cascas, raízes e sementes, fazemos o processo de decocção, colocando as partes duras dentro da água e então levando ao fogo até a fervura. Para os dois casos a água deve ser abafada no final do preparo por dez minutos, coar e então tomar banho da cabeça aos pés, logo após o banho higiênico.

Outro ponto a ser explicado, que não é sobre ervas, mas está intimamente ligado aos banhos, é o uso do sal. O sal é um agente de limpeza poderoso e faz a limpeza pesada tanto de energia negativas, quanto positivas. Recomenda-se que o banho de sal grosso seja esporádico e, sempre que o fizer, tome um banho de ervas na sequência. Tenha certeza de retirar o excesso de sal do corpo antes do banho de ervas, nem que seja necessário abrir a ducha novamente.

A tradição diz para sempre usar ervas em número impar para banhos de limpeza, descarrego e outros nesse sentido. E em números pares para banhos propiciatórios e de energização. Porém, não precisa seguir à risca, o que importa é a qualidade das vibrações das ervas e suas propriedades.

O banho mais clássico de limpeza é composto de arruda, alecrim e guiné, em alguns casos com adição de flores brancas. Para harmonização o manjericão, a hortelã, o alecrim e alfazema são excelentes. Para tranquilidade, costuma-se usar melissa, boldo, flor de maracujá, erva-cidreira, erva-doce e flores brancas.

Uma ressalva – que nada tem nada a ver com preconceito – é de que sempre se deve tomar banho do pescoço para baixo. Deixe para tomar banho na cabeça (ori) quando o Guia ou algum dirigente (pai e mãe de santo ou pai e mãe pequeno) indicarem, ou se tiver conhecimento das propriedades das ervas.

Outros Usos

Existe uma infinidade de uso para as ervas, dentre eles podemos falar sobre o bate-folhas. Esse tipo de trabalho é feito com um maço de uma ou mais ervas, sempre frescas, que é batido pelas paredes e batentes de uma casa, nos móveis e inclusive nas pessoas. O bate-folhas funciona por intermédio da energia emanada pelas ervas.

Detentoras de auras com vibrações específicas, as ervas, quando entram em contato com as emanações presentes nos objetos e seres humanos, com suas auras ou seus duplos, começam a movimentar energias e operar a limpeza, dentre outras coisas.

O ato de cruzar uma pessoa com espada-de-são-jorge é muito comum nos Terreiros e provém desse tipo de técnica.

A energia que a planta emana ressoa energeticamente com a emanação energética do consulente, criando uma reorganização de suas forças e gerando um campo de proteção.

Outros tipos de aplicações para ervas incluem chás, cataplasmas, unguentos e muito mais. Não se recomenda o uso de chás atualmente devido a implicações legais. A grande quantidade de mistificação e animismo que encontramos nos Terreiros atualmente, e as fantasias de alguns médiuns, pode prejudicar o consulente ao lhe oferecer receitas mirabolantes de ervas. Fique atento se uma entidade lhe recomendar algum tipo de beberagem, certifique-se de que é algo comum, um chá de erva-cidreira, um suco de couve e coisas desse tipo. Jamais tente beber um suco de espada-de-são-jorge, por exemplo, ou algo que desconheça. Para evitar esse tipo de problema, as entidades recomendam as ervas como chás somente para aplicações externas, por meio de compressas ou mesmo cataplasmas e unguentos. Esses preparos são misturas com bases de cremes, mel, água ou outro líquido, ou até mesmo o uso da própria erva umedecida no local do tratamento.

Novamente, recomenda-se deixar a entidade trabalhar, não receitar ervas que possam causar reações alérgicas e sempre usar o bom senso.

Os Guias não recomendam o uso de ervas como cigarros, cigarrilhas ou fumo de cachimbo para os consulentes. Pode até ser pedido por algumas entidades para seus próprios cachimbos ou para fazer seus cigarros e charutos, porém eles nunca se utilizam de elementos proibidos ou que causem algum dano ao seu médium. Outro aspecto fundamental, é que o Guia não inspira a fumaça do charuto ou do cachimbo, ele apenas a puxa, prende na boca e a solta para trabalhar no campo energético e áurico do consulente. Os Caboclos juremeiros costumam usar alfazema seca com sálvia branca em seus charutos ou cachimbos de jurema. Os Pretos-velhos usam alfazema, calêndula, folhas de café e sálvia nos seus cachimbos. Mas jamais um Guia vai recomendar para o consulente fazer o mesmo e tragar o cigarro, charuto ou cachimbo. Como elemento ritualístico dentro de um local controlado que é o Terreiro, o fumo se torna uma terapia, fora disso se torna um vício.

23

Materiais Ritualísticos

A Umbanda traz consigo uma grande simbologia e a manipulação de elementos materiais para prática dos passes e consultas. É muito comum ver o Preto-velho pitando seu cachimbo ou cruzando um filho com galhos de arruda, assim como o Caboclo com seu charuto ou com uma pemba fazendo símbolos no chão ou no consulente.

Todos esses elementos utilizados são manipulados por meio da via energética – ou mágica – em suas contrapartes etéreas e com as propriedades ocultas do próprio elemento em um plano material. Os detratores taxam isso como atraso espiritual e involução, contudo, é factual lembrar que todas as religiões têm seus rituais e elementos litúrgicos.

O material em sua condição natural é neutro e nulo, mas, após ser manipulado pelo Guia ou pelo médium – desde que este possua o conhecimento necessário –, adquire poder e serve para facilitar certas movimentações energéticas em benefício do consulente.

Vamos falar sobre alguns desses elementos:

As Velas

Velas são objetos que compreende tanto a força ígnea – o fogo – quanto à força da cromoterapia. Cada Orixá, linha de trabalho ou ação desejada responde melhor à determinada vibração de uma cor em específico, geralmente indicada pelo Guia Espiritual. Algumas cores têm simbologias que já a acompanham através dos tempos, mas pode alterar a sua função de ritual para ritual. Muitos têm medo de acender velas – além do motivo óbvio de que o fogo é perigoso quando deixado sem supervisão –, eles creem que será um atrativo para espíritos sombrios. Isso não procede. Toda vela acesa num ritual Umbandista é consagrada a uma força específica, ou seja, ela tem um dono. Depois de consagrada e evocada às forças correspondentes, a vela irá emanar suas vibrações por todo um raio de ação, seja no campo do ser humano, seja num ambiente.

O fogo, ao se unir com a cor, gera irradiações benéficas que auxiliam, purificam e interligam as energias necessárias para a execução dos trabalhos religiosos. Mas a vela, por si só, é elemento inerte, necessitando do poder mental de quem a está acendendo para que proceda qualquer atividade energética. Além das cores, alguns Guias associam símbolos no próprio corpo da vela e outros ainda a "vestem"[14] com algum óleo, perfume, pó de pemba, talco, entre outros.

As cores de velas mais utilizadas segundo a liturgia da Umbanda que praticamos são: Oxalá (branca), Oxum (azul-escura), Xangô (marrom), Ogum (vermelha), Iansã (lilás), Nanã (amarela), Omulu (branca), Oxóssi (verde), Iemanjá (azul-clara),

---

14. "Vestir" é o jargão de Terreiro para untar a vela.

Erês (rosa, azul ou bicolor), Caboclos (verde), Pretos-velhos (branca), Baianos (amarela ou bicolor – verde/amarela). Para esquerda utilizamos velas brancas para Exu e vermelhas para Pombagira. Podendo utilizar velas pretas ou bicolor preta/vermelha para Exu.

Nada impede que se acenda uma vela de cor diferente para outro Orixá que não a carregue como primária, por exemplo: "Posso acender uma vela verde para Ogum?" Possivelmente, pois quando um Guia o faz ele não está trabalhando com a cor da vela para a força de Ogum, mas sim algum aspecto energético que aquela força combinada com a evocação de Ogum possa produzir. Mas deixemos sempre a cargo do Guia, que saberá o que está fazendo.

Alguns Orixás têm mais cores de velas do que as acima descritas. Isso é verdadeiro e depende apenas da função que aquela vela irá desempenhar.

Por exemplo, para movimento de ações, colocar a vida em ordem, executar a Lei Maior e abrir os caminhos é comum acender uma vela vermelha para Ogum. Porém, se você precisa de proteção é permitido acender uma vela azul. O mesmo serve para Oxum, vela azul-escura pelo sincretismo com Nossa Senhora Aparecida e seu aspecto de mãe; amarela, pelo seu aspecto africanista com a lembrança dos minérios, da prosperidade, etc. (podendo ser dourada); rosa pelo seu lado de Orixá do Amor, e assim por diante. Isso serve para todos os Orixás, para saber melhor sobre o assunto, devemos entender as suas funções e atributos.

Não se deve utilizar velas para magias negativas ou de retorno, muito menos inverter-las, isso é um procedimento contrário às leis de Umbanda.

Pembas

As pembas são pedras de calcário – giz – podendo conter algum tipo de corante para definir sua cor. Os Guias as utilizam para riscar símbolos no chão, os chamados pontos riscados. Seu pó pode servir para assoprar no consulente ou como um dos ingredientes de amacis.

Por ter natureza mineral, traz em sua constituição energética vibrações que auxiliam na regeneração do duplo-etéreo. Servem para "vestir" as velas e podem ser utilizadas para cruzar as pessoas, riscando símbolos nas mãos, braços, corpo, testa e outras partes do corpo humano. Alguns Guias chegam a riscar toda a mão do consulente, deixando-a totalmente recoberta pela pemba.

Apesar de não ser uma regra, a maioria dos Guias utiliza a pemba na cor branca, por ser uma cor universal, composta de todas as demais cores do espectro magnético-luminoso. Apenas Guias de esquerda riscam com a pemba preta.

Fitas e Palha-da-costa

Outro mistério da Umbanda são as fitas de tecido coloridos, encontradas em diversos tamanhos, cores e larguras. São utilizadas para amarrar velas, fazer laços, pulseiras e tornozeleiras, podendo ser trançadas ou unidas a certas mirongas feitas com espadas-de-são-jorge – e outras ervas – para fazer pontos, entregar em oferendas e muitas outras coisas. Vemos o exemplo do uso de fitas com a linha dos baianos, por meio da famosa fitinha de Nosso Senhor do Bonfim.

O mesmo vale para a palha-da-costa, que pode ser trançada e até usada para confeccionar braceletes – contra-egun – e Guias, e serve de proteção, evitando que espíritos negativos possam atuar na vida daquele que a utiliza. Essa palha é a mesma que cobre o corpo do Orixá Omulu, eis então que possui o seu axé, e também o de outros Orixás.

Punhal

Punhais geralmente são utilizados por Exus, Ciganos e Caboclos. Cada linha o utiliza de uma maneira distinta, os Caboclos, por exemplo, utilizam o punhal como potencializador ou concentrador de energia nas curas espirituais. Eles parecem estar cortando determinados locais, mas na verdade usam a ponta como um direcionador da energia de cura que estão manipulando. O mesmo princípio pode ser encontrado em uma terapia comum, a acupuntura. Já os Ciganos têm seus próprios mistérios com o punhal dentro de sua magia e ritualística. O punhal é de extrema importância, sendo objeto tanto de defesa, quanto de ferramenta para alimentação. Os Exus, por sua vez, os utilizam de todas as formas possíveis, inclusive em suas oferendas. O punhal também pode ser usado em trabalhos de curas, em pontos de defesa e na tronqueira.

Os punhais que as entidades manipulam não possuem corte e a ponta dos mesmos é romba, ou seja, não perfura, são simbólicos, ferramentas, nunca uma arma. As armas astrais não precisam de forma física para serem eficientes contra os espíritos trevosos. Portanto, nunca utilize um punhal para cortar efetivamente quem ou o que quer que seja.

Cuia ou Cuité

A cuia ou cuité é uma cabaça ou casca de coco cortada com a finalidade de formar um vasilhame que conterá líquidos. Os Guias geralmente as utilizam para suas bebidas ritualísticas.

Cuias são muito utilizadas com água servidas aos consulentes após uma breve magnetização. É comum um médium incorporado beber muitos líquidos – água, de preferência –, pois há sempre perda de fluido energético nas manifestações mediúnicas. A água, pela sua característica mineral, recupera os fluidos necessários, inclusive o do duplo-etéreo – mantendo a saúde do médium em equilíbrio.

É preciso considerar que a prática de ingestão de bebidas alcoólicas não é comum e nem deve ser incentivada, visto que a maioria dos médiuns é consciente, eles podem tentar, de alguma forma, extravasar seus pensamentos e motivações pessoais e terminar por ficar embriagado. Apesar do que diz o mito, que o médium incorporado não sente os efeitos do álcool, isso não é totalmente verdadeiro. O álcool acaba de uma forma ou outra passando pelo corpo do médium, sendo metabolizado por seus órgãos podendo prejudicá-lo.

Além dos aspectos já citados, a cuia pode ainda ser usada como pilão e como recipiente para colocar ervas, pedras, sementes e outros elementos que são utilizados pelo Guia em seus trabalhos.

Perfume

A água-de-cheiro, como as entidades se referem ao perfume, serve como substituto das bebidas alcoólicas. O álcool que as entidades utilizam não deve ser bebido, mas manipulado em sua contraparte energética. Para coibir alguns abusos, pode-se utilizar do perfume como meio de assepsia, já que o mesmo contém álcool. O perfume é utilizado no cruzamento de flores, de consulentes, dos ambientes e do próprio médium e servem como agente de limpeza para mãos, fronte e coroa. Um dos rituais mais comuns é espargir um pouco de perfume de alfazema nas mãos e esfregá-las nas têmporas, na nuca e na testa, cruzando a coroa espiritual. Além da limpeza, a energia do perfume auxilia a estimular os centros de força desses pontos, facilitando a incorporação e os trabalhos mediúnicos.

A função aromática do perfume é de extrema importância, seu cheiro agradável modifica certos campos psíquicos, abrindo ou facilitando o contato mediúnico e a manipulação energética nos centros de forças necessários.

Talco

O talco de alfazema compartilha com o perfume certas propriedades e características, no caso, o aspecto da aromaterapia. Usado para perfumar flores, em cruzamento, em forma de círculo de contenção energética, nos pontos riscados e para "vestir" velas, é composto de pós minerais, que têm propriedades semelhantes à pemba, logo, podemos creditar a ele uma união de suas propriedades com a do perfume.

Na tradição é comum ver o talco ser jogado por sobre os ombros dos consulentes em sentido circular. Nesse ato está sendo criado um espaço delimitado para atuação energética, de forma controlada e determinada. Deve-se tomar cuidado com o talco, pois em pesquisas científicas foi detectado que alguns de seus componentes podem prejudicar a saúde. É bom sempre usar com moderação.

Cristais

Cristais são formações rochosas ou minerais, que têm vários formatos, cores e propriedades. Além das suas características energéticas, aliam a energia telúrica nas manipulações dos Guias Espirituais e são utilizados de forma terapêutica desde eras remotas da antiguidade.

Os Guias Espirituais utilizam os cristais em seus pontos como para-raios energéticos, instrumentos de cura e energização, harmonizadores, portais elementais, entre outros. Podem indicar para o assistido que sejam feitas aplicações com os cristais em determinados pontos do corpo a fim de reorganizar as energias em desequilíbrio encontradas em seu campo espiritual-energético. É possível ainda preparar elixir à base de cristais e produzir água solarizada com a ajuda deles.

Charutos, Cigarros e Cachimbo

Guias Espirituais se utilizam desses materiais, o que abre uma crítica dos não umbandistas que atacam os Guias dizendo que eles são espíritos inferiores e que possuem vícios como o fumo. Mas, como já vimos, e eu ínsito, é preciso prestar atenção – sem preconceito – para o fato de que os Guias não tragam o fumo, eles prendem a fumaça na boca e as envia em direção ao consulente ou ao ambiente. O tabaco e outros fumos ritualísticos são tidos como sagrado em diversos povos, inclusive entre os ameríndios. Quem nunca ouviu falar do cachimbo da paz? O que não podemos aceitar é que sejamos escravos do tabaco, logo, não devemos utilizar cigarros e seus semelhantes de forma recreativa e profana.

A tradição de Jurema se utiliza muito do cachimbo com ervas, onde o Pajé irá defumar o filho com essa fumaça, ou no termo correto irá enfumaçar. O fumo é usado como agente defumador, ele é um desaglutinador de energias densas. A fumaça quando entra em contato com os miasmas, larvas astrais e formas parasitárias elementais, desagrega-as, fazendo uma limpeza no campo psíquico e espiritual do assistido. Alguns Guias podem usar o tabaco ou a forma de defumação por incenso em seus pontos.

Além do tabaco, é comum vermos fumos preparados com outras ervas como alfazema, calêndula e sálvia branca. Seja o Preto-velho com seu cachimbo, seja o Caboclo com seu charuto, as operações que fazem com esse elemento – o fumo – são de extrema importância para a limpeza dos consulentes.

Maracá

Um pouco mais raro na atualidade é o uso do maracá, mesmo assim, alguns Caboclos ainda o utilizam – principalmente se são provenientes de linhas de pajés. O Maracá é um instrumento musical feito de uma cabaça – princípio feminino – cheio de pedras e sementes e uma haste – princípio masculino. Produz um som ritmado que na mão de um Pajé é instrumento de cura e evocação de Encantados, forças da natureza, elementais e afins.

Guias, Fios de Conta e Colares

Talvez o item mais conhecido de todos seja a Guia, (fios-de-conta ou colares, como são chamados). Esses colares, feitos com miçangas, cristais, sementes e outros elementos, são usados pelos médiuns como proteção contra as cargas negativas que possam vir a absorver quando dão os aconselhamentos. É comum um novo médium entrar na corrente e querer logo todas as guias possíveis. Ele mesmo vai e compra uma guia por conta e a usa sem uma entidade pedir. A guia é um instrumento sagrado e só deve ser utilizada com esse intuito.

Temos dois tipos de guias, a de proteção, que geralmente é mais curta e se usa o tempo todo por debaixo da roupa no seu dia a dia, e a guia de trabalho, que são aquelas que os Espíritos mentores pedem.

Cada mentor irá pedir a guia da forma que lhe agradar. Não tenha pressa se seu Guia se manifestar e demorar a pedir a sua, talvez não houvesse necessidade ainda de usá-la. Tudo ocorre na hora certa.

As únicas restrições de guias são as feitas de plástico, já que plástico é um elemento sintético que não carrega e não consegue armazenar o axé dos Orixás, além de não poder ser imantada.

A primeira guia de todo médium deve ser uma guia branca, chamada Guia de Oxalá. Uma homenagem ao Orixá maior, demonstrando a pureza e a sua entrega às leis de Umbanda. Toda guia deve ser cruzada por uma entidade espiritual. Não basta só comprar a guia nas casas de artigos religiosos e colocá-la no pescoço, nesse caso ela será apenas uma decoração.

Outro engano comum é achar que as guias têm formas e cores definidas, como: verdes para Caboclos, azul para marinheiros, etc. Não é assim, o Guia Espiritual irá pedir como ele quer a sua guia. A melhor guia sempre é a feita pelo médium depois da instrução de seu Guia Espiritual.

Além de proteção, algumas entidades utilizam a guia para abrir espaços mágicos circulares ou para verificar cargas negativas, utilizando as mesmas como uma forma de oráculo.

Guia não é condecoração, não quer dizer que aquele que usa mais guias no pescoço é melhor médium ou que sua entidade é mais forte. A guia é apenas uma proteção e uma ferramenta de trabalho. Muitas entidades não trabalham com guia alguma e não sentem a menor necessidade de usá-las, nem por isso são mais fracas.

24

Oferendas

As oferendas para Orixás e Guias Espirituais são práticas comuns dentro da Umbanda, porém, muito mal compreendidas por quem está fora da religião umbandista – às vezes até mesmo para quem é umbandista. Houve certa deturpação em cima desse fundamento, que acarretou com aberrações na prática, oferendas exageradas e outras com uso de elemento animal, que não é típico da Umbanda.

Quem faz a oferenda deveria saber o porquê de a mesma ser feita e qual é o real desdobramento energético por detrás dessa prática. Não há nada de atrasado ou primitivo em oferendar aos Guias e Orixás, visto que em várias culturas a prática da oferenda ainda é feita, dentre elas, culturas como a japonesa no culto a seus ancestrais.

Quando bem-feita e embasada no conhecimento, é uma ferramenta importantíssima para os trabalhos. Ao se oferendar algo, estamos permitindo que determinada força atue em nossa vida, a nosso favor e de quem mais determinarmos.

Alguns mitos que encontramos é acreditar que precisamos dar de "comer ao santo". Um absurdo, visto que o espírito desprendido da matéria não necessita de elementos para sua subsistência. O que ocorre é que algumas mazelas a que nós – e não os Guias – somos acometidos, precisam de elementos com prana ou fitoplasma para operarem em nosso duplo-etéreo e nosso corpo material. O espírito desencarnado não possui mais o ectoplasma, por isso ele se vale dos médiuns para fazer determinados trabalhos. Em alguns casos, a quantidade de ectoplasma doado pelo médium, pelos cambones e pelos médiuns de suporte não são suficientes para executar tudo aquilo de que o assistido tem necessidade, então fazemos a prática da oferenda para extrair dela e da natureza as energias que nos forem permitidas.

Mas se engana quem pensa que oferendar é só dar a comida que tanto pedem! A vela, a prece e as flores são alguns exemplos de oferendas. Cada Guia pede a oferenda conforme achar que é necessário para o consulente e o espírito, ou espíritos oferendados, trabalharem com essa energia, ou seja, a contraparte etérica da energia dos frutos, das flores, das sementes, das bebidas e etc.

Na Umbanda NÃO se pratica oferendas com sangue e sacrifícios animais, e jamais se deve fazer uma oferenda para prejudicar alguém. As oferendas sempre são para auxiliar as pessoas.

A título de curiosidade, muitos povos praticam ou praticaram o ato da oferenda em suas religiões, como os cristãos, que oferendam o pão e o vinho. Os judeus, celtas, egípcios, gregos, romanos, fenícios e muitos outros, faziam oferendas em seus templos.

As oferendas feitas com muitos elementos e com opulência não são manifestações corretas na prática umbandista, visto que prezamos pelo não desperdício de alimento e de recursos. O Guia tem ciência das condições de cada consulente, jamais pedirá para ser feito algo que possa vir a prejudicar esse filho, seja pela demasia nos elementos, seja financeiramente.

A movimentação de energia e a consagração não acontecem somente na hora que se "arria"[15] a oferenda. Ela está presente desde o momento da compra ou proveniência dos elementos que serão necessários, passando pelo ato da entrega e durante todo o processo religioso, até o momento da consagração, quando ela passa a irradiar de forma benéfica para aqueles que necessitam. É necessário, portanto, que durante todos esses procedimentos, mantenha-se com pensamento elevado, sempre desejando o melhor para o próximo e para si mesmo, caso este seja o caso.

Não devemos fazer oferendas por fazer, sem o concurso ou aconselhamento dos Guias Espirituais, e devemos lembrar sempre de que existem locais próprios para fazer as entregas. A Umbanda é uma religião natural, ou seja, está de acordo com a ecologia. Não sujamos o nosso santuário que é o Planeta, devemos ter essa consciência. Então, é óbvio que não iremos colocar oferendas que sujem as ruas, as matas, as cachoeiras e etc. Sempre devemos usar elementos que são reutilizados e reciclados pela própria natureza evitando plásticos e sintéticos e sempre recolhendo o lixo deixado no local.

Como os Guias usam as energias de forma rápida – caso não seja instruído de forma diferente – deixar a oferenda no local durante duas horas é mais que suficiente para que seja extraída toda a energia que será utilizada para os trabalhos. Após isso, pedimos licença e respeitosamente recolhemos tudo e jogamos em lixo comum.

---

15. Coloca a oferenda no chão ou a ativa.

Apesar das frutas, sementes, vegetais e outros se decomporem na natureza, nunca devemos deixa-los lá para apodrecer, pois o mesmo pode atrair animais ou até mesmo desbalancear o equilíbrio ambiental do local. A recomendação é sempre "levantar" as oferendas e jogar os elementos fora ou enterrá-los para que a terra os consuma sem que se decomponham na superfície.

Se, por algum motivo, for necessário comprar muitas frutas para as oferendas, pense em uma forma alternativa de fazer isso, doando para quem realmente precisa delas, para os que têm fome e para aqueles que padecem na miséria. Praticar a caridade é a melhor forma de oferenda que pode ser feita.

25

Firmezas e Assentamentos

Não vamos aqui ensinar a fazer firmezas e assentamentos, mas sim explicar a diferença entre os dois, já que grande confusão paira sobre essas duas práticas.

Firmar uma força é o que fazemos quando acendemos a vela para o nosso anjo da guarda, por exemplo. Firmeza é um agrupamento de elementos com fins específicos e temporários. Valendo-se desse exemplo, é costume acender uma vela de sete dias ao lado de um copo de água para nosso anjo da guarda, enquanto a vela estiver acesa a firmeza está ativa ou alimentada. Na firmeza, consagramos ou imantamos um objeto com determinada força ou determinação para que essa energia atue em nosso benefício durante certo intervalo de tempo. Existem firmezas de todos os tipos: de proteção, imantação, irradiação, consagração, purificação e várias outras aplicações. Qualquer pessoa pode fazer as firmezas ensinadas pelos Guias, não precisando ter iniciações ou outorgas especiais.

O assentamento segue o mesmo princípio da firmeza, entretanto, é uma força sem prazo para término da irradiação. Geralmente, os assentamentos são feitos pelos dirigentes dos Terreiros como pontos de força para a Casa e para o Guia-Chefe, os Orixás regentes da Casa, para a Esquerda da Casa e proteção de toda a corrente. O médium de Umbanda não precisa se preocupar em assentar determinada força no Terreiro, para ele, basta a firmeza. A tronqueira é um exemplo de assentamento, assim como todos os pontos de Oguns de uma Casa e dos demais pontos de força.

26

A Magia e os Pontos Riscados

A magia sempre esteve presente no imaginário popular, o que muitos não sabem é que ela é real.

O Universo, ou universos segundo a visão de alguns físicos, são compostos de energia, em diversas formas. Albert Einstein, famoso físico alemão, ganhador do prêmio Nobel, desvendou isso em sua famosa fórmula $E=MC^2$, ou seja, Energia é igual a Massa multiplicada pelo quadrado da velocidade da luz no vácuo.

Sendo assim, o que chamamos de matéria, não é nada mais nada menos do que energia condensada, ou de baixa frequência vibratória.

Estamos cercados de ondas e projeções invisíveis, algumas que fazem parte do dia a dia até mesmo do ateu, sendo elas as microondas, as ondas de rádio e televisão, ondas de celular, wi-fi, magnetismo, eletricidade, etc. Não conseguimos ver essas energias, mas elas existem e podemos nos utilizar delas com o equipamento adequado e segundo determinados procedimentos. O mesmo se dá com a magia.

Magia, portanto, é a capacidade de manipular a energia que nos envolve por meio de nossa determinação de acordo com um objetivo específico. No Terreiro de Umbanda, a magia é praticada a todo instante, desde a prece até os cantos ritualísticos dos Guias, suas manipulações de ervas, defumações, entre outros.

> *Magia é a aplicação da vontade humana dinamizada, à evolução rápida das forças vivas da natureza.*
>
> Papus

Dentro desse contexto, os pontos riscados remetem a uma das muitas facetas da magia aplicada no Terreiro, são espaços consagrados à magia – ou espaços mágicos – riscados pelos Guias Espirituais com funções determinadas por eles através de símbolos e elementos. Os símbolos inscritos – todo um alfabeto mágico e oculto – dentro desses espaços, apesar de muitas vezes parecerem familiares, são carregados de simbolismo inconsciente e muito poder.

Nesse tipo de escrita, os Guias se servem de signos ou símbolos com funções realizadoras, ou seja, atuam sobre uma energia, irradiação e fim específico. Quando ativadas por quem é iniciado em seus mistérios, atua e irradia suas energias com o propósito dado pelo Guia.

Os pontos riscados não precisam ser contidos em um círculo real, podem variar em suas formas e traçados, assim como em funções. Podemos encontrar pontos riscados abertos, sem qualquer figura geométrica delimitando seu campo de atuação, e fechados, geralmente por círculos riscados por pemba ou um colar (fio-de-conta). Jamais um ponto riscado de uma entidade vai entrar em conflito com o de outra se ambas pertencem à mesma egrégora, ou seja, mesma Casa Espiritual.

Os símbolos podem até parecer familiares, e alguns realmente o são – cruzes, estrelas, espadas, machados e etc. –, contudo, não devemos nos valer disso para riscar ou copiar um ponto e tentar ativá-lo por nós mesmos sem o devido conhecimento oculto por detrás deles. Se não possuir dentro de si a outorga do plano espiritual – que não é dada por um ente encarnado – não poderá ativar esses símbolos da forma como os Guias fazem. É possível que o médium aprenda com seus mentores certos pontos riscados e tenha permissão para ativá-los quando necessário, passando assim uma iniciação vertical dentro daquele mistério. Mas, mesmo que a lógica nos leve a pensar que sem a iniciação não se pode ativar um ponto, recomendamos nem tentar fazê-lo por diversão, pois a simbologia tem poder e os poderes às vezes são muito mais "elétricos" do que esperamos, fora que não devemos profanar o sagrado alheio.

Alguns pontos riscados servem como identificador – uma assinatura do Guia que está ali trabalhando –, e como irradiador de diversas outras formas de magia riscada. É comum vermos pontos riscados com velas, pedras e outros elementos. Em alguns casos, vemos um Guia riscar um ponto no chão embaixo dos pés dos assistidos, em suas solas de sapato, em um pano para carregar como patuá e assim por diante.

Os Guias podem fazer parte de uma mesma falange e possuírem pontos riscados diferentes. Cada Guia é uma entidade única, mesmo que ele venha com o nome simbólico adotado. Os pontos identificam parte de uma falange, sua identidade, suas vibrações, campos de atuação, que forças manipulam com aquele médium e as forças que serão disponibilizadas naquele momento. Existem pontos riscados que podem ser de "puxadas" de energia para determinados fins e trabalhos, pontos de quebra de demanda, ponto de descarga, etc. Para saber o que cada ponto significa somente a própria entidade que o riscou pode dizer. O símbolo de flecha pode ter um significado para um Guia, e outro, para outro Guia.

Apêndice 1

Material de Apoio do Blog
Perdido em Pensamentos

Esse apêndice contém alguns textos publicados no blog *Perdido em Pensamento*, de minha autoria, sobre questões da espiritualidade que acho importante levar em consideração. Para aqueles que quiserem conhecer melhor meu trabalho basta acessar www.perdido.co (sem o *m* no final).

Escondendo-se atrás da Mediunidade

Mediunidade é realmente um tema muito fascinante, mas também bem delicado.

Os dons mediúnicos não vêm atrelados a um manual de instruções que orienta como usá-lo e explica para que serve; muito pelo contrário. Apesar dos vários tratados existentes no mercado literário e de cursos em diversas instituições para o desenvolvimento pessoal, a única forma de realmente saber como lidar com a SUA mediunidade é por meio da prática.

É nesse momento que as coisas começam a ficar complicadas. Primeiro é a ansiedade pela manifestação mediúnica organizada, onde o neófito quer, em curto prazo, atingir o que os médiuns mais velhos já alcançaram. E, apesar da tentativa, da abertura, dos diversos exercícios, nenhuma entidade lhe toma o corpo, muitas vezes apenas o irradia. Então o iniciante, algumas vezes até inconscientemente, começa a seguir o modelo dos médiuns mais velhos, principalmente do dirigente da egrégora em que se encontra.

O segundo desafio é entrar em contato e achar sua própria identidade mediúnica. Com a maioria dos médiuns sendo hoje portadores da mediunidade consciente (e infelizmente da não consciência mediúnica) passam a sofrer de insegurança: "Sou eu ou a Entidade?"

Com o passar do tempo, temos o terceiro obstáculo: a vaidade.

É fácil você se deslumbrar e ser seduzido pelo poder, ao ver que, por meio das suas forças espirituais, muitos conseguem se recuperar, raciocinar melhor, resolver diversos problemas e até mesmo ter suas condições físicas reabilitadas. É aí que começa o que em Terreiro se diz: "O médium está passando à frente da entidade."

Mas, para as três dificuldades acima comentadas – e para diversas outras – a resposta é sempre a mesma: estudo e educação. A entidade não pode manifestar simplesmente tudo que sabe se o aparelho dela for deficiente.

A reforma moral é o ponto básico e principal, sem a qual o médium sucumbe às hostes negativas e à sua própria negatividade. A reforma intelectual, com sua progressão, tem muita importância também: quanto mais o médium souber, melhor; com certeza suas entidades agradecerão.

O Espírito-Guia não é mágico ou milagreiro; ele opera com as leis naturais, algumas que o homem ainda não conseguiu definir pela ciência, mas o mundo espiritual sabe muito bem como usar delas para trabalhar.

Não se esconda por detrás das entidades espirituais. Procure melhorar sempre, para si mesmo e, principalmente, para a prática da caridade. Aceite o caminho, um passo depois do outro, para ter uma caminhada longa e sem desgastes.

Mediunidade e Idolatria: Mistura que não Combina

Muito do que escrevo tem a ver com as experiências que vivencio, e neste artigo não poderia ser diferente. As opiniões aqui são minhas, então, é claro que haverá quem discorde do que direi. Peço que não se ofendam.

Vejo com certa preocupação a comunhão desses dois substantivos: Mediunidade e Idolatria.

É comum ao adentrar em uma religião, não importa qual seja, se deslumbrar com tudo que lá encontrar. A dor abre caminho para a Fé, que abre caminho para a sensibilização e evolução, porém, em alguns casos, o que acontece é totalmente antagônico. A Fé abre caminho para a fanatização.

Dentro das religiões que trabalham mais ativamente com a mediunidade isso fica um pouco mais escondido. Estamos acostumados a gritar e apontar o dedo para os evangélicos por sua devoção fervorosa e por repelirem qualquer coisa que não seja simpática com as concepções de sua igreja ou núcleo, incluindo outros evangélicos. Mas, nas religiões espiritualistas, o que tenho visto é a crescente de fanáticos ou pelo menos de pessoas com uma trave nos olhos.

Há muitos que levam palavras de médiuns, sacerdotes e outros trabalhadores das searas medianeiras com total confiança, nem sequer passando por suas cabeças questionar ou raciocinar sobre aquilo que foi proposto. Apenas recebem uma comunicação escrita ou uma palavra falada (psicofonia) de um médium intuído por um espírito de *escol* (supostamente) e acreditam naquilo piamente, como se aquilo fosse a plena e absoluta verdade, refutando com uma prolixidez que faz inveja a muitos pastores com cursos e mais cursos de oratória.

No entanto, esquecem-se do principal: o próprio Mestre Jesus – tido como o maior ser humano divinizado em vida e o maior médium – calou-se quando questionado sobre o que é verdade. E também se esquecem dos pilares básicos de suas próprias doutrinas, que nas palavras de João, o Evangelista são: "Não acreditei em todos os Espíritos, mas verificais se este procede de Deus."

Fora o fato, é claro, de que o médium, não importa o quão evoluído ele seja, sofre das influências da matéria, da vaidade, do ego e do orgulho. Preconceitos estarão presentes em suas comunicações, pois o instrumento não é perfeito, mesmo que este seja de uma profundidade mediúnica ímpar.

E quando questionar um desses ativistas da verdade mediúnica dos Avatares encarnados, ele, claro, tentará desviar o foco do assunto principal.

Mas quando acuado e questionado, ele dará uma resposta estapafúrdia, que geralmente é: "Não, porque é nisso que acredito e não preciso de mais provas ou contraprovas."

Não existem médiuns perfeitos, somos todos passivos de erros. Não existem espíritos angelicais de última ordem a nos passar comunicações sem influência do aparelho. Então, quando algo lhe for dito, use seu bom senso, use sua razão, seu discernimento e veja se aquilo lhe cabe. Se não couber, saiba estar aberto para uma situação diferente.

Quando confrontados em nossos preconceitos, devemos, por obrigação de espiritualistas comprometidos com uma tentativa de evolução moral, procurar mais fontes, de preferência fontes primárias.

Mediunidade, chamado ao autoaperfeiçoamento

Mas, por que, meu filho, deve ser a mediunidade a ferramenta ideal para o trabalho de evolução do ser?

Se a mediunidade tem por obrigação transformar alguém em uma pessoa melhor, não era preferível que ela se manifestasse de forma branda e sutil?

Por que então os rompantes, muitas vezes desconcertados, e também as manifestações de espíritos hostis ao trabalho caritativo e de elevação moral?

Essas e outras perguntas sempre são feitas quando iniciamos o caminho do desenvolvimento mediúnico; as respostas sempre são as mesmas: fé, coragem e perseverança.

É muito usual encontrar pessoas que começam suas vidas mediúnicas por meio do assédio de espíritos de baixa evolução moral. Em alguns casos, os chamados obsessores, têm o papel importantíssimo de abrir à mente para a manifestação mediúnica e os olhos do médium para a necessidade de se aprimorar. Chega um dia em que ele irá buscar socorro para sua alma em aflição, e eis então que o algoz se transforma em ferramenta do Universo para a evolução serena do futuro médium. Procurando ajuda, o médium acaba de iniciar, inconscientemente, um processo de doutrinação do espírito que outrora o assediava.

Essas exemplificações são reais, acontecem em todos os momentos da vida por meio de uma ou outra provação e não precisa ser exatamente uma obsessão espiritual, mas uma condição social ou um obstáculo que aparece em frente ao filho que será chamado às hordas de guerreiros de fé.

Nessa seara, as provações são contínuas, nem tudo é obsessão e nem tudo é acaso, nem tudo é tudo. A ponderação, a observância das regras da vida, a preparação e a proteção devem ser constantes. Não busque o desenvolvimento para ajudar outra pessoa, o médium acima de tudo está buscando a sua própria evolução, a sua própria "autoajuda". Eis um dos porquês da mediunidade contemporânea ser quase que estritamente de médiuns conscientes. Enquanto seu Caboclo está explicando as coisas da vida para um consulente, tenha certeza de que, na verdade, ele está falando ao seu íntimo, pois a lei da atração de semelhantes funciona nessa hora.

A espiritualidade irá se encarregar de direcionar a você, alguém que possa ser auxiliado pelos seus mentores espirituais, porém, deve encontrar ressonância em sua vida, assim, vez ou outra perguntamos: como será que aquelas palavras serviram tão bem para mim?

O começo da mediunidade pode ser acalorado ou brando, pode até demorar anos, mas se o chamado deve ser feito, ele será, tardiamente ou não. O importante é saber manter a cabeça focada no aprendizado e o coração cheio de amor fraterno.

Médiuns de incorporação, intuitivos, videntes, ou a alcunha que existir para denominar o instrumento, somos apenas ferramentas para a grande sabedoria Universal, que se veicula através das palavras desses Guias que estão conosco.

Mercado da Espiritualidade – É Certo Cobrar?

Vejo hoje uma grande quantidade de anúncios em postes, paredes e na internet de supostos Pais de Santo ou milagreiros em contato com os espíritos, que cobram pelos trabalhos que realizam.

Minha opinião é a mesma que consta no evangelho:

Daí de graça o que de graça recebeste.

Muitos se arvoram da desculpa de que estão doando seu tempo precioso para prática da caridade e que então podem cobrar pelo mesmo. Bom, temos que ver algumas situações aí:

- Ser médium não é ser especial ou melhor que ninguém. Se você é médium nessa encarnação é porque tem uma programação de vida com esse objetivo a ser concluído, quiçá mesmo sobreviver à ambição e tentação de cobrar pelos dons que Deus lhe incutiu.
- Outra questão é que, segundo muitos mentores espirituais, aqueles que hoje são médiuns possuem muitas pontas soltas no passado e pediram essa condição espiritual para poder acelerar seu processo de resgate.
- E, finalmente, quem faz a caridade não é o médium, e sim o espírito comunicante. O médium é apenas um instrumento, a ferramenta que é utilizada por inteligências superiores para fazer o bem. Se a pessoa caiu em vaidade e paixões menores, com certeza será utilizada ainda, porém por espíritos de baixa escala evolutiva.

Muitos se aproveitam da situação de fragilidade ou ignorância do novo adepto e o colocam em situação de extorsão espiritual. Dizem que para se conquistar um objetivo é necessário fazer determinado trabalho para tais e tais forças, e assim, cobram valores que muitas vezes faz toda diferença no final.

A Espiritualidade não precisa do seu dinheiro, muito menos de objetos de valor, espumantes caros, anéis de ouro, brincos, pulseiras, relógios, etc.

Baiano Severino diz que "o que se faz com um caminhão de rosas também pode ser feito com uma pétala da mesma".

Dá para entender o contrassenso em cobrar por um trabalho espiritual? Quem o faz está agindo de má-fé. Muitos são sustentados pela fé alheia.

A Espiritualidade irá lhe ajudar mesmo que você não tenha posses ou recursos para comprar todos os elementos que, às vezes, são necessários em uma oferenda ou magia, mas use seu discernimento para saber quando não estão exagerando no que lhe pedem.

O dinheiro não é errado, é uma energia como outra qualquer, necessária para nossa vida na Terra. O que não se pode permitir é explorar a fragilidade de uma pessoa para que ela se torne fomentadora da vida desregrada de um "pai de santo de poste".

Se seu íntimo diz que deve comprar uma vela, flores, ou presente para uma entidade que lhe ajudou, faça-o. Mas observe que ele prontamente irá encaminhar esse presente para alguém que realmente necessite.

As Casas Espirituais têm custos, que geralmente são rateados entre os médiuns da mesma, de forma que não sobrecarregue ninguém. Mas o dirigente não pode ser sustentado por isso. Então cuidado!

Existem formas de angariar fundos para manter a Casa valendo-se de cursos, eventos, festas, arrecadações beneficentes e etc., mas nunca obrigando alguém a dar aquilo que talvez nem tenha, utilizando-se da chantagem: "Se não der, não terá!"

Tenhamos mais cuidado e façamos com que a espiritualidade não seja um mercado desvirtuado e exploratório.

Axé!

Na Consulta com um Guia Espiritual

Estamos tão acostumados a ir a giras ou sessões espirituais e ver a comunicação dos espíritos, que muitas vezes não paramos para pensar no que ocorre antes e depois daquele transe mediúnico; não pensamos no Guia em si.

O Guia, claro, não é onipotente, logo, não pode executar qualquer coisa num passe de mágica. Ele, como um servidor da Lei Maior, respeita o livre-arbítrio e sempre segue a regra da NECESSIDADE e do MERECIMENTO. Apesar de querer ajudar, muitas vezes não é possível, pois o problema pelo qual o consulente está passando é algo relacionado à sua programação de vida ou ele não tem o fator necessidade ou merecimento.

O Guia não está disponível a todo o momento para nós, ele vem de paragens distantes, dos mundos espirituais e alguns de outros orbes. Reclamamos muitas vezes da distância de alguns quilômetros que nos separa de Casa e do Terreiro ou Casa Espiritual, mas, imagina só o Espírito-Guia, quanto tem de atravessar em distância para estar presente num dia de atendimento?

Além disso, ele não está numa vibração afim com o nosso plano de existência, logo, tem de diminuir seu padrão vibratório e acaba necessitando de muita energia para chegar a algo próximo do padrão vibratório que o médium consegue atingir, que é quando se dá a manifestação mediúnica.

O Guia nunca dará uma resposta pronta ou fará algo que vai contra o livre-arbítrio de alguém.

O que o Guia nunca faz:
- Não traz o namorado de volta.
- Não transforma ninguém em milionário.
- Não irá resolver seus problemas por você.
- Não irá retirar sua dor se esta for algo corriqueiro que pode ser retirada com um analgésico.
- Não irá tratá-lo como se o estivesse paquerando.
- Não irá faltar com o respeito, nem vai humilhar ninguém.
- Não irá colocá-lo em situação desconfortável.

O Guia irá aconselhar, limpar os miasmas, larvas astrais, cargas deletérias, energias pesadas, cordões energéticos, livrá-lo dos obsessores, dos próprios pensamentos desordenados. Poderá ainda trazer paz, indicar o caminho, mostrar como fazer, mas jamais ele fará POR VOCÊ! Senão você não aprenderá.

Um Guia nunca falará o que quer ouvir e sim o que precisa ouvir. Entendeu agora por que é falta de respeito se consultar com um Guia, não gostar do que ele falou e ir procurar um que irá lhe falar algo que o agrade? Não faça isso, pois estará se alinhando vibratoriamente com os seres negativados. Vamos pensar e, acima de tudo, respeitar aquele Guia que vêm à Terra de tão longe, e de graça, a fim de lhe ajudar a se tornar um ser humano melhor e ter suas dores, em sua maioria causada por nós mesmos, amenizadas.

O Conflito Entre o Médium e o Ego

A origem dos distúrbios mediúnicos começa sempre com o desequilíbrio da paixão inferior. Não há como negar que a mediunidade fascina a ponto de achar que detemos um poder maior do que realmente possuímos. O espírito, através do aparelho afinado, consegue trabalhar os campos energéticos, invisíveis aos olhos da matéria, curando, propiciando e resgatando a alegria de viver em muitos casos. Na Umbanda, religião altamente caritativa e assistencialista, é regra os atendimentos aos necessitados.

Em giras que podem ser temáticas ou não, costumam baixar Caboclos, Pretos-velhos, Baianos e toda espécie de gente brasileira para fazer a caridade e o atendimento. Seus chás, banhos, cânticos, fumaçadas e por que não dizer conselhos, trazem às energias dos consulentes o equilíbrio, harmonizando-os e permitindo que partam em busca de resolver as questões mais ocultas que lhes trouxeram essa desarmonia.

O médium principiante acredita estar sendo o condutor de tão poderosa salvação, sendo o responsável pela melhora imediata desses filhos que, em sua fé, buscam auxílio, eis que começam as modificações no campo energético do próprio médium.

O deslize moral dá espaço para a vaidade e o orgulho, deixando o médium à baila de energias conflitantes em seu interior. A dúvida sempre é saudável quando esta não o domina. Em outros casos, a dúvida cessa e dá lugar à certeza de que somos os detentores do poder do astral, e que as melhoras milagrosas são operadas pelo nosso bel prazer.

Os Guias alertam a todo o momento sobre essas situações menos favoráveis à mediunidade, deixando a cargo do médium resolver suas próprias paixões inferiores. Muitos, em seus devaneios, acabam por se vangloriar e abrir espaço para obsessões e fascinações de espíritos menos evoluídos moralmente.

As obsessões se instalam no aparelho mediúnico que começa a ter seu trabalho prejudicado. As entidades que antes se utilizavam desse meio de comunicação começam a não mais conseguir uma manifestação direta, passando por imperativos do próprio médium, deixando-o completamente isolado.

Eis um chamamento para alertar a todos. Realmente precisamos entender que não fazemos caridade alguma sem a ajuda do plano astral, pois os mentores sempre estão nos inspirando de alguma forma para tomarmos a melhor decisão, no entanto, a real escolha, sempre a nós pertence.

Se seu desenvolvimento está começando agora, é bem possível que esteja deslumbrado com tantas novidades acontecendo. Mas, lembre-se de que, junto às manifestações, vêm à obrigação de manter o moral elevado e de aprender cada vez mais.

Não existem mestres supremos encarnados que possa nos dizer como guiar nossa mediunidade, pois a mesma é pessoal, única e intransferível. Não permita que esse instrumento de evolução e melhora seja utilizada de forma deturpada. Dispa-se das suas vaidades, deixe seu orgulho sufocar no silêncio, acometa-se da simplicidade e mantenha sempre a firmeza com os valores elevados de nossos irmãos espirituais.

O Médium e o Palco

Médium quer dizer medianeiro, intermediário. Mediunidade é a faculdade humana natural pela qual se estabelecem as relações entre homens e espíritos.

Mediunidade – J. Herculano Pires – cap. I

Sempre se há dito que a mediunidade é um dom de Deus, uma graça, um favor. Por que, então, não constitui privilégio dos homens de bem e por que se veem pessoas indignas que a possuem no mais alto grau e que dela usam mal?

Todas as faculdades são favores pelos quais deve a criatura render graças a Deus, pois que homens há privados delas. Poderias igualmente perguntar por que concede Deus vista magnífica a malfeitores, destreza a gatunos, eloquência aos que dela se servem para dizer coisas nocivas. O mesmo se dá com a mediunidade. Se há pessoas indignas que a possuem, é que disso precisam mais do que as outras, para se melhorarem. Pensas que Deus recusa meios de salvação aos culpados? Ao contrário, multiplica-os no caminho que eles percorrem; põe-nos nas mãos deles. Cabe-lhes aproveitá-los. Judas, o traidor, não fez milagres e não curou doentes como apóstolo? Deus permitiu que ele tivesse esse dom, para mais odiosa tornar aos seus próprios olhos a traição que praticou.

O Livro dos Médiuns – Allan Kardec – cap. XX – Q. 226, 2ª

E quando o médium deixa de servir para ser servido?

É muito comum, infelizmente, vermos irmãos de jornada caindo nas garras do egocentrismo, da vaidade e do orgulho. Eles se esquecem de que somos apenas instrumentos da espiritualidade e de que os conselhos dados, as palavras de consolo proferidas, os passes energéticos e os trabalhos magísticos não são força ou poder do médium, mas sim manipulação das energias provenientes do Guia comunicante.

Entretanto, vemos muitos que começam quietos, o que é a maioria, mas com o tempo passam a achar que seu mentor é o melhor, que o outro é ignorante, que estão fazendo tudo errado e que são incapazes.

Pior ainda quando pensam que ninguém mais sabe agir a não ser ELE mesmo. O Ego grita nesse momento tentando se libertar e dominar o pobre instrumento que a espiritualidade tentou trabalhar. Ele vê seus mentores e Guias operarem verdadeiras façanhas através de seu aparelho mediúnico. Vê pessoas que chegam chorando aos pés dos Guias saírem rindo e resolverem suas vidas. Vê curas sendo proporcionadas e acredita que são poderosos, que detêm o poder em suas mãos e que são autossuficientes.

Eis que começam as aberrações e os shows. As giras viram espetáculos e os mentores, já não mais podendo se sintonizar adequadamente com seu aparelho mediúnico, se "afastam". Veja bem, não é o mentor que se afasta na realidade, mas o instrumento de comunicação se torna tão grosseiro e tão impróprio que o mentor é incapaz de se familiarizar com suas emanações energéticas. Então, outros espíritos, que se afinizam a essas energias, aproximam-se e, geralmente, não estão querendo prestar a caridade, mas mistificar.

Quer dizer que a culpa é do Obsessor? Não! Nem sempre são os obsessores que fazem esse tipo de trabalho, mas a própria psique desequilibrada do médium toma frente dos trabalhos e começa a agir como se fosse ou estivesse manifestando um mental alheio. No entanto, é ele mesmo.

Consegue entender agora o motivo de a Reforma Íntima ser tão importante para todos os médiuns, mesmo eles sendo neófitos ou anciãos, experientes ou iniciantes? Essa reforma é vital para uma boa conduta mediúnica, precisamos compreender e aceitar que somos apenas o receptáculo de mentais alheios e, se assim o somos, devemos esperar sintonizar espíritos comprometidos com a Lei Maior e a Justiça Divina. A moral duvidosa expõe um alvo para o baixo astral e as frequências negativas. A primeira lição a aprender é que não somos os detentores do poder; a segunda lição, aprendida simultaneamente, é que não devemos jamais julgar quem pede ajuda.

Não se julgue o porta-voz dos mortos, considere-se apenas um de muitos porta-vozes, e caso deixe de representar ou expressar a vontade dos desencarnados que estão aliados a Lei de Pemba, eis que ocupará seu lugar alguém mais preparado para tal.

O Médium não está em uma Casa Espiritualista só para servir de instrumento para as dores dos outros, mas também para suas. Para aprender e para evoluir, coibindo suas próprias paixões desvirtuadas.

Mediunidade não é incorporar um espírito, mas incorporar os valores que esse espírito representa: compaixão e humildade.

Obsessão e suas Relações Interdependentes

É atribuído aos espíritos obsessores grande parte dos males que a humanidade acaba vivenciando. Essa dependência não é mão de via única. Não é apenas o espírito malfazejo que precisa de algo e nos "suga", mas sim uma relação de mão dupla.

Para uma obsessão se instalar é necessário um ambiente propício, ou seja, uma mente em desequilíbrio afetada por vaidade, orgulho, arrogância, prepotência, entre outros.

Os estágios da obsessão se tornam confusos, muitas vezes sou questionado por espíritas que me perguntam se não sigo o que Kardec codificou. Bem, minha resposta parte do seguinte princípio: "Os estudos do Kardec se deram em uma época que podemos chamar de Nova Aurora da Espiritualidade Ocidental. Isso não quer dizer que eles ficaram engessados e congelados no tempo, impedidos de evoluírem ou de se alterarem conforme o passar dos anos, levando em conta a experiência dos espíritos trevosos."

Precisamos entender a natureza do espírito obsessor que muitas vezes são subestimados por nós.

Existem diversas categorias de espíritos, tanto os bons ou elevados, quanto os maus ou trevosos. Mas isso não se relaciona com o aspecto intelectual do ser humano, seja ele encarnado, seja desencarnado.

Lembremo-nos de uma citação "Assim na Terra como no Céu." – O Pai Nosso cristão ou "O que está em cima é como o que está embaixo. E o que está embaixo é como o que está em cima" – Lei Hermética.

Resumindo, o que existe aqui também existe lá. Não vemos tantos criminosos inteligentes, ou pessoas que julgamos do mal estarem se adaptando e se aprimorando? Por exemplo: os assaltos a banco podem ser substituídos por assaltos digitais, sem necessidade de ir até uma agência, armado e etc.

Agora vamos pensar, por que lá do outro lado, destituído da matéria, seria diferente?

Não é! Tudo evolui e não podemos mais ser inconsequentes em acreditar que os espíritos trevosos são seres incapacitados em seus sofrimentos. Claro que existem os espíritos dementados, os que estão em desequilíbrio e outras classes menos preocupantes. Mas, os mentores do mal, os cabeças do negócio, são espíritos espertos e inteligentes. Raramente eles colocam a cabeça para fora de seus "esconderijos", enviando os seus asseclas para fazerem seus trabalhos.

Em uma visão mais detalhada podemos dizer que eles até ajudam a Lei Maior nesse aspecto, pois geralmente há a interseção das forças da Luz em cima desses espíritos em estado de sofrimento ou perdidos. Então eles são recolhidos, são consumidos, amparados e encaminhados para seus lugares de merecimento e necessidade. Mas a intenção original de quem os enviou não era essa.

As obsessões não existem só para que o espírito venha a acertar contas do passado ou pelo ódio por si só entre os indivíduos. Elas são matizadas para enfraquecer o todo: uma egrégora – grupo de espíritos afins – além de servirem como catalisador de energias, que esses espíritos trevosos necessitam para seus fins.

Em se tratando de obsessão simples, podemos até encontrar algum desafeto que quer nos prejudicar, mas, em situações mais complexas, em obsessões coletivas, fascinações e subjugações isso não pode ser visto com tanta simplicidade.

É necessário deter mais tempo na elaboração das próprias atitudes e de como evitar isso. Geralmente percebemos que algo está errado depois de já instalada a obsessão em um espectro mais amplo. Nessa fase já não temos mais consciência ou, pelo menos, ela está em conflito sobre o que é nosso pensamento e o que não é.

Em alguns casos, somos dirigidos pelos espíritos e nem nos damos conta. Para chegar a esse ponto fomos permitindo, fomos deixando e nos iludindo. No começo da obsessão até temos aquela sensação de que há algo errado, mas, devido a nossa vontade e necessidade de ter as preces atendidas ou da urgência em adquirir poderes extraterrenos, permitimos sermos "amparados" por essas forças ocultas sem fazer o exercício do discernimento.

Somos todos falhos. Humanos em aperfeiçoamento e aprendizado, logo, nem mesmo um pai de santo, padre, pastor, mestre, llama e etc., têm todas as respostas para todos nossos problemas, e eles mesmo não são infalíveis. Mesmo nossos Guias e mentores ainda estão em evolução – claro que muito mais adiantada que a nossa – e podem cometer seus enganos.

Concluindo, antes de culpar o terceiro pelo que está lhe acontecendo, faça uma verificação em seu interior para achar o real culpado. Se estiver sendo vítima de obsessão em qualquer espectro desta, faça uma ponderação sobre como permitiu que ela ocorresse. Mas caso esteja mergulhado no turbilhão da ilusão e está lendo isso neste momento, saiba que, de alguma forma, deve aceitar o amparo de um amigo, sempre sendo guiado pelo discernimento e exame da própria consciência.

Interferência Mediúnica

A interferência mediúnica existe com toda certeza e é um dos graves problemas dos dias atuais na senda espiritualista. Principalmente na Umbanda, visto que, por sua característica natal, dá consultas para pessoas que se encontram em estado de necessidade ou enfraquecidas. O médium, como um instrumento falho, pode sim interferir na comunicação, e nunca será isento, nem sequer nos casos de médiuns totalmente inconscientes.

O espírito usa o aparelho mental do médium para passar suas impressões e ideias. Não há como não se "contaminar" com o pensamento do próprio médium, que mesmo em um transe inconsciente não se silencia. O médium inconsciente distancia seu corpo espiritual do duplo-etéro permitindo que o espírito comunicante tenha maior liberdade dentro de seu campo de atuação, apenas isso.

Em médiuns iniciantes é comum essa ocorrência e até normal, porém, deve-se prestar atenção para que esses iniciantes recebam o amparo necessário e sejam guiados adequadamente, recebendo instruções para aprimorar seu nível moral e intelectual acerca da espiritualidade. Não basta apenas ser um transmissor, é preciso ter qualidade na transmissão do pensamento.

Para o médium iniciante vale a ressalva dos trabalhos de desenvolvimento mediúnico em sessões fechadas, sem atendimento ao público, com o propósito de se familiarizar com as emanações de seus Guias e, posteriormente, começar a reconhecê-las adequadamente. Além da possibilidade de se harmonizar com a conduta da Casa em que está trabalhando e, com o tempo, começar a discernir o que é pensamento do Guia e o que é pensamento do médium.

A interferência sempre existirá, entretanto, ela tem que ser o menos danosa possível. Por isso mesmo, não é ético e não se recomenda fazer atendimento espiritual para familiares e amigos, pois podemos estar usando do artifício do transe mediúnico e da boa-fé do Guia espiritual para passar recados que gostaríamos de dar.

Além dos desenvolvimentos mediúnicos na prática, se faz necessário o estudo. Ler é fundamental, mas pensar sobre o que leu é mais importante. Não adianta ler todos os livros, e na maioria das vezes não captar a mensagem ou instrução que o livro está passando. É importante sempre questionar seu dirigente acerca de dúvidas e questões que podem parecer básicas. O verdadeiro líder irá auxiliá-lo sem arrogância, sem orgulho e sem vaidade, pois ele está (ou deveria ao menos estar) a serviço da Lei Maior e da Justiça Divina. Logo, o dirigente não pode agir de forma destoante do que se espera. Pai e mãe de santo que manda muito na vida do filho ou quer aprisioná-lo, têm sérios problemas espirituais, além de orgulho e vaidade. Cuidado!

Existem cursos das mais diversas formas, explicando desde as bases da religião até mesmo sobre a manipulação dos elementos, o que conhecemos como Magia! Não importa o que se tem como regra na sua vida espiritualista, estudar é importante. A cada resposta encontrada uma nova pergunta aparece, abrindo assim um novo campo para pesquisa.

Em face disso, não há como fazer parte de um trabalho mediúnico de aconselhamento ou até mesmo de desobsessão se antes não nos aprimorarmos – as trevas nunca estão em descanso, e elas também se aprimoram. Mesmo os médiuns mais antigos devem sempre se manter alertas e seguir o lema: *Orai e Vigiai*.

Não se arrogue como detentor da verdade absoluta e nem se autointitule como o médium firme e poderoso. Estamos todos sujeitos às tentações. Aprimore-se, e em caso de necessidade procure ajuda sempre.

Abrangendo um pouco mais essa temática, é importante enfatizar outro assunto que muito me preocupa. O caso de médiuns que são dirigentes de Casas Espirituais e que permitem a interferência. Se isso para um médium iniciante já é preocupante, imagine então para um médium que tem o predicado de Sacerdote? Ou de Pai e Mãe?

Jamais um zelador ou dirigente deve deixar suas paixões pessoais interferirem na condução do Terreiro. A Casa tem regras e diretrizes que devem ser cumpridas, não obstante, não há qualquer nexo em interferir na vida pessoal do filho de santo, médium, umbandista ou de qualquer outra denominação. A espiritualidade está aí para nos libertar e não para nos arranjar um novo senhor(a).

Sacerdotes que se encontram em desequilíbrio ou que levam para os trabalhos espirituais as mazelas de sua vida pessoal, devem ser informados de sua conduta errada. Eles não são infalíveis, sendo assim, é necessário ter a compreensão dos filhos. E, mais importante ainda, a abertura do pai e mãe de santo às críticas que os filhos fazem.

A espiritualidade tem sua própria agenda – sabemos que é algo sério e que assim deve ser levado –, mas todos os médiuns são, antes de tudo, seres humanos cheios de imperfeição que vivem à procura de esclarecimento. Além disso, temos nossos próprios desassossegos com a vida pessoal, com o trabalho material, com o trânsito e com estudos profissionais.

Então, caro sacerdote, não se faça de rogado quando um filho chegar com uma sugestão ou até mesmo reclamação. Giras sem hora para começar e acabar, inúmeras interferências na própria mediunidade a fim de conduzir ou controlar a vida do médium, cobranças de forma desnecessária, retórica desmedida, falação exagerada e falta de indulgência são erros comuns cometidos por pessoas que têm a alcunha de dirigentes. Pricipalmente quando há predileção dentro do Terreiro, é aí que tudo se complica ainda mais. Como pessoas, simpatizamos melhor com esse ou aquele sujeito, porém como sacerdotes e dirigentes temos que entender que todos são iguais perante a Lei de Pemba. Em virtude disso, podemos considerar que, se um filho comete gafes, ele está em estado anímico ou até mesmo mistificando, está exagerando, conduzindo sua mediunidade mais para a manifestação teatral dos fenômenos do que para a evolução moral e intelectual do ser. A obrigação do dirigente é conduzi-lo de volta aos trilhos, mesmo que seja necessário utilizar-se do expediente do puxão de orelhas. Coíba os exageros praticados por ele e os seus próprios exageros pessoais. Se deixarmos a manifestação correr solta, os espíritos Guias não mais conseguirão se aproximar de nossos campos mediúnicos, logo, abriremos a porta para uma obsessão coletiva. E, principalmente, mantenha seu alerta ligado, pois o dirigente é o alvo e ao mesmo tempo o modelo que todos os demais irão seguir.

As evasões do Terreiro ocorrem muito por falta de conduta adequada dos dirigentes. Muitos médiuns sérios e comprometidos com o trabalho de assistência e aprimoramento íntimo acabam por se afastar de locais onde se notam manifestações estapafúrdias de alguns querendo aparecer mais que o outro, ou quando o dirigente começa a ditar regras que ele mesmo não cumpre.

Essas considerações servem de alerta para todos que trilham a senda da mediunidade, seja um iniciante, seja alguém experiente, seja até mesmo um dirigente. Devemos juntos: eu, você e todos que amam a espiritualidade, procurar focar mais no aprimoramento, deixando velhos dogmas no passado sem perder a beleza e a forma de praticar a Umbanda e os demais cultos espiritualistas.

Por Que Não Ouvem os Conselhos?

Nessa vida de Terreiro se vê de tudo, desde casos clássicos de obsessão espiritual até afetações de adolescentes ou pessoas mais solitárias procurando o par ideal. Como se a Umbanda fosse um balcão de informação ou cadastro de currículos amorosos. Infelizmente, isso é devido às inúmeras propagandas negativas causadas pelos descontentes com as regras morais tão bem expostas no evangelho de Cristo e em outras obras de igual teor, seja de que origem for, como os tais pais e mães de santo de poste.

Quando você vai até um atendimento sério espiritual, ouça atentamente tudo o que o Guia tem a dizer. Depois, raciocine e absorva os ensinamentos. Se tiver que mudar algumas atitudes, mude! É isso que está causando o sofrimento ou descontentamento na sua vida.

O plano material é um local onde aprendemos muito, estamos aqui simplesmente pelo aprendizado, pela experiência, pela dificuldade em passar por certas situações. Se o plano espiritual nos deu uma ferramenta tão fascinante como essa, que é a conversa com Guias Espirituais – que conseguem enxergar um panorama mais abrangente – é porque devemos aproveitá-las para o nosso aprimoramento.

Quando um Guia disser faça algo, e isso passar pela sua razão e seu discernimento, faça mesmo. Não espere que o Guia faça algo por você se nem mesmo você está fazendo algo por si.

Todos são Médiuns ou Não?

A grande falácia que é propagada sem resguardos no meio espiritualista é: "Todos são médiuns."

Apesar do codificador do Espiritismo afirmar isso em suas obras básicas, não é bem assim que funciona. A questão não é que os espíritos estavam errados quando deram essa afirmativa, mas sim que os espíritas e espiritualistas a entendem de forma equivocada.

Primeiro precisamos entender o que significa a palavra Médium. Este é um termo que foi utilizado por Allan Kardec para descrever o meio de manifestação. Logo, médium, é o intermediário entre o mundo dos espíritos e o mundo material. No entanto, a questão se complica ao assumir a afirmativa sem ressalvas; ser médium todos realmente somos, mas não da forma como muitos entendem a mediunidade.

A mediunidade pode ser dividida em várias faculdades diferentes, sendo as mais conhecidas as de psicografia, incorporação, intuitiva, auditiva e a vidência. Mas podemos ainda subdividir em muito mais. Quando dizemos que todos são médiuns, queremos dizer que todos são pontes que podem transmitir mensagens vinda do mundo espiritual para os encarnados, geralmente isso vem em forma de intuição, inspiração, etc.

A maioria acredita que, ao se considerar médium, em breve estará incorporando espíritos, falando por eles, servindo de transporte, fazendo viagem astral, vendo o mundo espiritual e seus habitantes, ouvindo espíritos por todo lado e até mesmo escrevendo romances ditados mediunicamente ou psicografados por desencarnados.

Realmente, somos inspirados a todo o momento por intermédio dos mentores espirituais, muitas vezes sugestionados, guiados e até mesmo obsedados. Porém, nem todos se tornam médiuns Ostensivos ou de Trabalho, um termo que utilizo para designar médiuns com faculdades mediúnicas ativas.

Isso não diminui em nada a qualidade do ser. Na verdade, a mediunidade não é apenas um dom para dotados. Já ouvi de alguns Guias que os médiuns de trabalho geralmente pedem para vir com essas faculdades para dar uma acelerada em sua evolução, já que ele carrega algumas pendências a mais. Seja verdade ou não, nos faz tirar um pouco esse glamour todo que é colocado em cima dos medianeiros.

O trabalho mediúnico pede constante reflexão sobre si mesmo, sobre suas paixões, seu meio de vida e o que está fazendo nessa existência. Pede comprometimento com os dias de gira e sessão de trabalho. Ater-se as regras e se preparar para o trabalho mediúnico é imprescindivel. E, acima de tudo, devemos ter ciência de que somos seres falhos.

Não é necessário ter mediunidade ostensiva para ser um trabalhador espiritual. Existem muitas funções para todos dentro dos Terreiros e Casas Espíritas. Os Cambones, Assistentes, Passistas e outros, são muito necessários na assistência aos médiuns incorporados e as entidades, auxiliando-os naquilo que eles pedem, anotando as mirongas passadas, trazendo o consulente até ao Guia, mantendo a fiscalização em cima dos procedimentos gerais da Casa, verificando se o médium está seguindo essas regras, ajudando na organização do ponto de trabalho, etc. E temos os Ogãs, a Curimba, os Porteiros e diversas outras funções. Mas seja cavalo, seja cambone ou ogã todos precisam possuir uma qualidade maior que a mediunidade, que é o Amor pelo que se está fazendo.

Foque-se no trabalho espiritualista e evangelizador que é pregado por meio das palavras dos Espíritos. Não se preocupe se vai ou não ter contato com as entidades extracorpóreas ou se será um médium de incorporação. Ao invés de perder um tempo de sua vida – extremamente preciosa – tentando manifestar e desenvolver algo que não possui, pois parece que é mais elitizado, procure desenvolver os dons e faculdades que lhe foram conferidos. Se eles existem em seu aparelhamento mediúnico é por algum motivo, tente utilizá-lo da melhor forma.

Há uma grande promoção de supermédiuns nos dias de hoje. Grandes missionários que não cumprimentam sequer o porteiro e têm em seus discursos um tom carregado de preconceito. Para viver a espiritualidade, é necessário vivenciar os ensinamentos deixados. Nada adianta se dizer médium de Jesus, sendo que nem sequer consegue perdoar as falhas dos irmãos. Somos seres em desenvolvimento, assim como nossa mediunidade também é.

Não acredite em locais que querem colocá-lo para girar ou manifestar a mediunidade de forma rápida e sem esforço. São enganações que você está sendo levado a crer. Se desprenda dessa vaidade e saiba que mediunidade e trabalho mediúnico são sim exigentes. Precisam de dedicação, de esforço e estudo.

Somos todos médiuns? No sentido literal da palavra: meio e intermediário, SIM! No sentido que se colocou como porta-voz dos espíritos: NÃO! E isso não invalida ou diminui em nada sua missão na Terra e junto aos Espíritos-Guias.

Amoralidade de Exu

Exu joga a pedra hoje pra acertar amanhã...

O ditado acima é bem conhecido de quem vivencia o mundo espiritualista onde a presença de Exu é corriqueira. Faz alusão ao personagem mitológico, o Orixá Exu e não especificamente sobre a linha de Exus da Umbanda, mas dá para ter uma ideia sobre como é a forma de atuação desses trabalhadores. Afinal, eles usam o nome Exu por algum motivo não é?

O que não creio que possamos fazer é tentar avaliar o Exu pela ótica ocidental pura ou cristã. Ele tem uma concepção mitológica muito assemelhada aos *tricksters* das mais diversas mitologias. Figuras controversas que transitam entre o lado certo e errado, bom e ruim, luz e sombras, mas que são extremamente importantes e necessários para o balanço e manutenção do Universo.

Dessa forma vejo a força Exu como um ser AMORAL (leia bem para não confundir com imoral), que pela definição do Dicionário *Michaelis* significa:

- A.MO.RAL: 1. Que está fora da noção de moral ou de seus valores: O mundo físico é amoral. – 2. amoralista.

Vemos que é algo que está fora da nossa noção de moral maniqueísta. Usando de analogia, podemos considerar um pai preocupado tendo que punir ou proibir seu filho de algo para que o mesmo não se prejudique ou seja mal-educado. Na visão do filho, esse pai está sendo mau, porém na visão do pai ele está sendo correto. É mais ou menos assim a atuação de Exu.

Por ser o agente da execução da lei de causa e efeito, muitas vezes tem que desempenhar papéis que na nossa visão limitada é errado, ruim ou mau. Entender o processo que a natureza e o universo tomam é importante para entender as forças que os regem. Exu é uma dessas forças naturais, que tira até o que você não tem se for necessário, mas dá até o que você nem poderia ter se for merecedor.

A exemplo dessa força natural, alguns desempenham papéis de agentes de "forças negativas", como doenças, transtornos e perturbações. Alguns o chamam de Exu pagão ou quiumba, eu vejo como forças naturais mesmo. Conforme aprendi, costumo separar os Exus em duas categorias:

- TRABALHADORES: aqueles que incorporam e dão consultas.
- DE SERVIÇO: que desempenham um papel diferente e não incorporam.

Por exemplo, um Exu Caminaloa (Kaminaloa) é aquele que rege as doenças mentais, sendo o responsável por tratá-las e provocá-las. É bom lembrar que, o que define a diferença entre veneno e remédio é a dosagem. Podemos fazer um exercício mental aqui e ver que ao incorporar um Exu desses, com frequência, as coisas podem se complicar. Não porque o Exu quer lhe causar doença, mas porque ele é a própria energia da doença mental e do desequilíbrio. Conviver com essa energia "dentro" de você por muito tempo é o mesmo que ficar próximo a fontes de radiação.

> *Quando você olha muito tempo para um abismo, o abismo olha para você.*
>
> Nietzsche

É por essa razão que precisamos entender sobre os Exus que trabalham nos Terreiros e suas funções, e parar com essa coisa de ficar evocando um Exu que não faz parte da sua coroa mediúnica, só porque ele traz status ou é o que está na moda.

Não me conformo com a profusão de nomenclaturas para designar Exu, fugindo da tradição. A mais nova mania é a dos Guardiões. Pegaram a figura controvertida – porém necessária – de Exu e a transformaram num cavaleiro andante de armadura, lutador de Cristo, etc. Não se enganem! Isso é apenas uma versão "arco-íris" desses seres, tentando fazer com que eles se mostrem mais "digeríveis" ao preconceito ocidental. Exu é Exu e pronto. Pode ainda ser Elegbará, Bará, Ibará, Aluvaiá, etc. Nomes que pertencem a tradições, mas Guardião não. A figura do Guardião é mais próxima dos falangeiros de Ogum.

Tem tanta gente tratando tudo de forma "pasteurizada" na Umbanda, que o verdadeiro sentido e simbolismo por trás das figuras e arquétipos estão se perdendo. Não vamos mudar Exu. EXU É EXU! E PRONTO!

Portão de ferro cadeado de madeira
Ponto de Exu.

Respeito é o que devemos ter pelos falangeiros da linha dos Exus, assim como para todas as demais linhas. Encarar Exu pelo que ele é não irá enfraquecer a sua figura, muito pelo contrário, irá lhe dar a firmeza de estar seguindo o que a tradição deixou sacramentado. Ademais, ainda podemos conversar, rir e entre uma baforada e outra de charuto ser corrigido em nossos atos pelos Exus.

Laroyê Exu! Exu Omodjubá!

Apêndice 2

Textos de Colaboradores do Blog

Texto importante para todos aqueles que se iniciam em um caminho onde a magia faz parte. Peterson Danda é fundador do blog *Autoconhecimento & Liberdade*, cofundador do podcast e site *Conversa entre Adeptus*, e um grande amigo com ideias muito claras sobre a Umbanda e a magia.

Cinco conselhos sobre o estudo da magia que eu gostaria de ter recebido

Peterson Danda

Magia não oferece um escape da realidade ordinária: ao contrário, oferece um confronto completo com ela, onde se pode facilmente perder.

Peter J. Carrol

A inspiração para escrever estas palavras surgiu devido aos diversos desencontros de informações e constatações pessoais colhidas nos últimos anos de estudos. Trata-se de "conselhos" que eu gostaria de ter recebido ou constatado durante este tempo, e que, expostos aqui, talvez auxiliem a evitar tropeços no caminho de quem se interessa por essa jornada.

Antes de dizerem que estou criando delimitações ou mesmo proferindo "verdades absolutas", deixo claro que são apenas constatações muito particulares e descompromissadas. Se elas servirem de alguma forma, leve-as consigo, senão, ignore-as e siga sua vida. Simples assim!

1. Magia não vai resolver seus problemas pessoais, emocionais e/ou psicológicos.

Algo que vemos com certa frequência entre os que buscam este caminho é a esperança de resolver seus problemas pessoais utilizando a magia. Há quem acredita que ela lhe trará fama, fortuna, estabilidade emocional, parceiros sexuais ou até mesmo a cura para doenças físicas e/ou psicológicas. Na verdade, a coisa é um pouco diferente. Diversos foram os ocultistas de outros tempos que alertaram para a necessidade de se buscar o equilíbrio no campo material da sua vida (saúde, emoções, finanças, amores...) antes de se iniciar na senda da magia, pois os desafios serão imensos e tudo aquilo que for de alguma forma "falso" na sua vida, cairá por terra. É simples, você está em busca da sua Verdadeira Vontade ("missão", "objetivo maior" ou seja lá como deseje chamar) e NADA que estiver em desarmonia com ela permanecerá de pé por muito tempo, e você será tencionado a se livrar do supérfluo no seu caminho, sob pena de não avançar ou se perder do mesmo.

Além disso, por estar praticamente nadando contra a maré do senso comum e do status quo, é muito comum criar atritos ou sofrer julgamentos de quem está ao seu redor, a ponto de tudo parecer extremamente difícil ou até mesmo inadequado (as ditas "ordálias" se enquadram aqui). Agregue a isso o fato de que irá lidar com energias que desconhece e que poderão mexer com sua mente, que, se não estiver em equilíbrio, pode levá-lo à loucura, o que já aconteceu com muitos magistas ao longo da história.

2. *Abra mão de seus dogmas pessoais.*

Especialmente aqui, no Brasil, nossa criação foi extremamente influenciada pelos princípios e dogmas cristãos, afinal de contas, a maioria de nós foi e ainda é batizada na Igreja Católica por simples "convenção social", já que a família "padrão" brasileira se diz católica mesmo que nunca bote os pés em uma igreja. Antigamente, quem não fosse batizado, era considerado "pagão" e estava à mercê de toda sorte de superstições. Os dogmas cristãos são tão fortes por aqui que inclusive influenciaram diversas vertentes espiritualistas e/ou escolas de misticismo.

Para estudar magia, é preciso primeiro esquecer tudo o que ouviu da sua avó sobre Céu e Inferno, bem e mal, sobre um senhor barbudo que está vendo tudo àquilo que você faz dentro do banheiro, ou mesmo uma criatura com chifres e patas de bode cujo único objetivo é levá-lo para o lado negro da força (como se nossa mente sozinha não fosse eficiente o suficiente para tal...). Independentemente do caminho que escolher, é importante abrir mão desses conceitos aprisionadores, pois isso facilitará muito para que tenha melhor contato com as diversas possibilidades que a magia lhe oferece.

Aproveite que irá se livrar desses conceitos tortos e abandone também os "dogmas sociais", como o machismo, racismo, homofobia e etc. Lembre-se de que tudo são convenções criadas historicamente para segregação e dominação, e aquele que deseja ser um mago deve primeiro ser senhor dos seus pensamentos e ideias, e não um papagaio de conceitos tortos e ultrapassados.

Outra questão importante é saber que na magia lidamos com forças da natureza que são prioritariamente forças cegas e neutras. Magia não tem cor ou polaridade senão aquela que a sua intenção der a ela, portanto, procure não julgar a cor da vela ou o método utilizado para realizar esse ou aquele ritual, ou mesmo o Ser que está respondendo a comunicação, pois TODOS podem ter fins "positivos" ou "negativos" dependendo do direcionamento que lhes é dado.

3. Escolha uma egrégora para iniciar o seu caminho, de preferência que possua uma relação mentor-discípulo.

Existem algumas vertentes que acreditam que a magia possa ser solitária, passível de prática e aprendizado por um neófito solitário, apenas lendo livros, monografias, textos de internet e fazendo práticas aleatórias encontradas em sites de ocultismo. Isso até pode auxiliá-lo no começo, mas não vai levá-lo muito longe, ou pior, pode até lhe trazer uma série de perturbações, desequilíbrios, e até mesmo levá-lo à loucura por falta da orientação correta a respeito de certas práticas ritualísticas (se chegar a fazê-las, é claro, o que é assunto para o próximo tópico...) ou pactos desconhecidos.

A relação mestre-discípulo sempre foi a principal forma de transmissão de conhecimento desde os primórdios da magia, mesmo na era digital, ela ainda continua sendo a melhor opção para quem busca um desenvolvimento equilibrado e eficiente. Isso não significa que você deve escalar uma montanha asiática para encontrar um mestre monástico vivendo em reclusão, mas que deve procurar alguma escola de mistérios ou ordem discreta que irá lhe fornecer esse tipo de relação. Preferencialmente, procure alguma na qual possa ter uma relação mais direta com quem irá lhe orientar, como encontros pessoais ou diálogos via alguma ferramenta de chat instantâneo, já que hoje as fronteiras físicas não são desculpa para mais nada, e é possível, mesmo morando no interior do Brasil, ser orientado por algum tutor dos Estados Unidos ou até mesmo da Índia.

Além disso, fazer parte de uma egrégora o auxiliará de diversas formas, como ter a proteção de algo maior do que você no momento em que se encontra mais frágil e exposto, ter acesso a uma metodologia organizada de estudos que já foi e ainda é utilizada por diversos outros neófitos, fora a possibilidade de poder compartilhar suas sensações e descobertas com alguém que já passou ou está passando pelo mesmo processo, o que lhe trará mais segurança em sua jornada.

4. Você nunca aprenderá magia a menos que pratique incessantemente.

Quem já tentou aprender a tocar violão ou qualquer outro instrumento sabe o quanto é difícil e demorado até se obter os primeiros acordes perfeitos. Você pode ler diversas revistas ou livros sobre o assunto, assistir diversas videoaulas e até mesmo colar aqueles adesivos toscos no instrumento, mas nada disso vai garantir que aprenda a tocá-lo sem dedicar algum tempo diariamente para praticá-lo, do contrário, será apenas esforço desperdiçado. Esse exemplo também pode ser aplicado ao estudo da magia.

Pelo que pude perceber, de nada serve possuir coleções gigantescas de livros ou PDFs sobre magia, estar ligado em todos os blogs existentes sobre o assunto, ouvir podcasts ou histórias de amigos se nunca colocar a mão na massa, ou então, praticar apenas uma vez por semana aquele exercício que todos conhecem como sendo o mais básico que existe. A essência da magia é a sua vivência prática e, embora a teoria seja necessária e lhe traga embasamento, você só conseguirá obter resultados satisfatórios com o exercício prático diário. A dica anterior tem valor aqui, já que estar sendo orientado por uma escola ou ordem facilitará seu avanço, devido aos exercícios que lhe serão passados serem condizente com os resultados obtidos nos exercícios anteriores (com exceção de algumas ordens pague-leve que existem por aí). Da mesma forma que acontece quando se começa a fazer atividades físicas regulares, nunca se deve iniciar pelos exercícios mais difíceis e complexos, mas sim, pelos mais simples e básicos, e só avançará à medida que seu instrutor, personal training ou algo do tipo perceba que está apto para pegar mais pesado, assim também deve ser com a magia.

Desconfie dos "relatos internéticos" de que em pouco tempo e sem muito esforço já se obtém resultados absurdos e geralmente fantasiosos, isso é só uma forma de elevação do ego ou de fazer com que se sinta inferior ou desencorajá-lo das suas práticas. Os resultados acontecem, não busque se iludir com relatos alheios, e sim, concentre-se em perceber os seus e em tornar as práticas como algo inerente a sua vida.

5. *Concentre-se em você e esqueça os outros.*

Esta frase pode soar egoísta, mas é uma das dicas mais valiosas de todas em minha opinião. Ao escolher este caminho, você será testado de diversas formas até que se sinta convicto e preparado para atingir níveis mais avançados dentro da magia, e certamente uma das formas mais eficientes de atingir êxito naquilo que se deseja é focar suas energias em si mesmo e em seus objetivos, que deverão de alguma forma estar alinhados aos objetivos maiores da egrégora a qual faz parte e até mesmo do Cosmos, caso esteja realizando a sua Verdadeira Vontade.

É muito comum ver por aí neófitos que mal avançaram em suas práticas básicas saírem esboçando "sabedoria" e se achando capazes de corrigir ou ensinar outros estudantes, por vezes, causando estragos gigantescos para si e para aqueles que ele julga estar ensinando. Quando falamos em internet, esse cenário se multiplica infinitamente, afinal de contas, o que mais se encontra por aí são os tais "magos experientes" e seus relatos excepcionais citados anteriormente.

O conselho serve de duas formas: para que você não caia na conversa desses "supermagos" e para que nem mesmo tente se tornar um deles. É mais prudente, seguro e útil buscar informações ou tirar dúvidas com os mentores da sua escola ou ordem, do que perguntar em um grupo do facebook, pois lá certamente irá encontrar inúmeras respostas diferentes e até contraditórias sobre o mesmo assunto, que geralmente são dadas com base em achismos ou da leitura parcial de algum livro qualquer.

De outro lado, é muito mais útil dedicar seu tempo livre para reforçar suas práticas ou revisar as leituras básicas da sua escola ou ordem, ou até mesmo de autores recomendados, do que ficar por aí espalhando informações imprecisas ou parciais ao seu ponto de vista raso sobre o assunto. Quando estiver pronto para passar o conhecimento adquirido adiante, com certeza lhe será solicitado dentro da egrégora da qual faz parte.

De uma forma ou de outra, seja responsável com o caminho que escolheu e não busque nem forneça informações por pura necessidade de aceitação ou massageamento do ego. E será mais gratificante do que imagina, além de poupar muita energia para o futuro.

Por fim, quero apenas acrescentar que já cometi todos esses erros, e os continuo cometendo, e foi justamente por isso que me senti impelido a publicar aqui essas informações, no intuito de auxiliar a outros que, como eu, sentiram-se perdidos e perderam muito do seu tempo pesquisando e lendo todo tipo de informação confusa por aí, ou então, acreditando que uma grande quantidade de informações teóricas e uma pequena dose de práticas trariam resultados satisfatórios, quando a medida é praticamente o inverso.

O feiticeiro se dá ao diabo e o diabo se dá ao mago.

Eliphas Levi

Quem foi meu Guia?

Durante o desenvolvimento mediúnico tudo é novidade, e cada avanço é comemorado como uma etapa superada pelo médium. Dentre estes avanços, um dos mais esperados com certeza é quando seus Guias começam a revelar seus nomes simbólicos.

No início, as primeiras reações são de dúvida. "Será que é mesmo esse o nome do meu Guia ou estou mistificando?" Essa é uma pergunta comum no início da nossa jornada, no entanto, superadas essas dúvidas, o médium logo corre atrás de todas as informações possíveis sobre o nome recebido, e com a internet não é muito difícil encontrar todo o tipo de informação sobre qualquer falange do astral, o que não necessariamente é algo positivo.

Depois de procurar por imagens relacionadas a essa entidade, inevitavelmente o médium busca por uma história sobre seu Guia, quem foi ele em sua última encarnação ou por que ele veio a assumir esse nome. E é neste ponto que muitos atrapalhos podem acontecer, inclusive vindo a prejudicar o desenvolvimento desse médium.

Se você pesquisar pelo nome de uma entidade no Google, certamente encontrará diversas histórias diferentes sobre a mesma. Algumas delas remetem a história contata por algum trabalhador em específico dessa falange e outras são apenas histórias bonitas criadas pela mente de algum encarnado para ilustrar os trabalhos dos falangeiros. Em todos os casos, nunca teremos certeza se elas realmente aconteceram, e, com certeza, nenhuma diz respeito ao Guia que lhe acompanha.

O que infelizmente acontece em alguns casos é que, após lerem tais histórias, alguns médiuns acabam adotando-as como verdade e direcionando a postura da sua incorporação de acordo com as características descritas nelas. É aí que vemos uma série de absurdos relativos ao comportamento da entidade quando incorporada, vestimentas, acessórios e etc., sem contar os casos em que, por ler que a entidade x foi o espírito famoso y, o médium acaba levado pelo seu ego por incorporar uma celebridade histórica.

Por esse e outros motivos é que os nomes simbólicos adotados pelas entidades de Umbanda, além de identificar seu campo de atuação, servem para ocultar a identidade do espírito que ali atua, pois seu intuito agora é prestar a caridade independentemente de quem ele tenha sido em outra vida.

O que pesa aqui é a interação direta do médium com a sua entidade, que possibilita ao mesmo conhecer aos poucos este espírito que trabalha ao seu lado, suas características e a sua história em particular. Conforme o avanço do seu desenvolvimento, seu Guia mesmo lhe contará ou mostrará alguma de suas encarnações que ele considera mais significantes dentro do seu processo evolutivo, a qual ele adotou como referência para o seu estado atual ou, em alguns casos, uma das encarnações em que vocês possam ter estado juntos, ou mesmo contar apenas uma história que ele julgue que a moral servirá para o aprendizado no momento atual do médium ou de quem a ouvir.

Utilize as ferramentas e o conhecimento disponíveis a seu favor e não para seu desequilíbrio e, acima de tudo, confie nos seus Guias e busque diretamente com eles as informações a seu respeito. Troque a mistificação e a necessidade de se enquadrar a um arquétipo pela confiança e fé nos trabalhos dos seus Guias. Não é porque o Caboclo de outro médium, que tem o mesmo nome que o seu, se comporta do jeito x ou atua na linha y que o seu tem que se comportar igual.

Há muito mais mistérios na atuação dos Guias e linhas de trabalho do que acreditamos saber ou ter codificado. Na Umbanda não cabem os padrões e as pasteurizações, seja nas doutrinas, seja nas incorporações, seja nas atuações de cada falange. Liberte-se da necessidade de enquadramento e entregue seu mental ao astral.

Apêndice 3

Encantados

O Encantado é uma entidade espiritual que não passou pelo processo do desencarne – ou pode nem sequer ter encarnado – e que acabam por ter um desenvolvimento paralelo ao nosso. Alguns Encantados tiveram vivências terrenas e se encantaram, passaram para o mundo espiritual sem a experiência da morte, algo muito semelhante ao arrebatamento cristão. Exemplo disso são os Orixás Xangô e Ogum na África; Elias, na tradição judaico-cristã e o mestre Carlos no culto de Jurema.

Em alguns conceitos, são seres que representam uma determinada força do local, aspecto da natureza, vibração específica e regem esse atributo ou possuem esse tipo de domínio. Todas as deidades das mitologias podem ser chamadas de Encantados.

Os Encantados detêm certa amplitude de domínios e não estão presos aos fundamentos morais terrenos. Logo, é possível encontrar um Encantado bom e um mau.

No folclore brasileiro temos diversos exemplos de Encantados como o Curupira, Saci-Pererê, Matinta Perera, Boitatá, o Boto, a Iara, o Negrinho do Pastoreio e muitos outros.

Para saber mais sobre esse assunto leia o livro: *Encantaria brasileira: o livro dos mestres, Caboclos e Encantados* do escritor J. Reginaldo Prandi, editora Pallas.

Vou abrir minha Jurema, vou abrir meu Juremá[16]

A Umbanda é uma religião multicultural, multipolarizada e de várias inserções, que foi fundamentada, mas, não criada, em 1908. Manifestações passadas desta prática ou de algo similar já havia ocorrido.

Justamente nessa grande mistura cultural é onde reside o maior bem da Umbanda, que é sua diversidade. Este livro tem como objetivo dar bases sólidas para que se estenda o estudo, a pesquisa e principalmente a vivência dentro da Umbanda.

Não queremos encerrar nenhuma verdade, mesmo porque cada Terreiro é um Universo particular em que a última palavra é sempre de seu regente na figura do Chefe-Espiritual.

Como podem notar, nada nesta religião plural é tão simples quanto se possa supor ao se olhar de fora. Seus matizes se multiplicam e podemos caminhar em uma Umbanda Popular, em uma Umbanda Esotérica e em uma NeoUmbanda e ainda assim encontrar similaridades, empatia e principalmente conforto espiritual.

Até mesmo o nome da região do astral que encabeça essa sessão é na verdade uma das muitas regiões no plano espiritual onde as entidades habitam, sendo que a mais conhecida de todas com certeza é Aruanda.

Podemos ainda contar com os reinos dos fundos – onde os Encantados habitam –, os reinos das matas profundas, das águas e das profundezas dos mares, com o campo de batalha de

---

16. Local no mundo espiritual em que os Caboclos de Umbanda habitam.

Ogum, o Humaitá e mesmo assim, estamos apenas tocando a superfície desse oceano que é a Umbanda.

Tenha desapego pela vertente praticada por você e mergulhe nesse mundo em busca de informação. Se isto não lhe servir neste momento, possivelmente será útil para um estudo de comparação religiosa ou de vertentes no futuro.

O cerne do livro é apresentar uma Umbanda tradicional, racional e simples, que pode e é praticada há mais de sete décadas em Terreiros da região do ABC paulista.

Assim encerro este livro, que é uma obra de vida. Mesmo com suas poucas páginas, acredito trazer um grande conteúdo para todos aqueles que queiram adentrar aos Terreiros ou que simpatizam com a religião brasileira de Umbanda. Este, por ser um capítulo de despedida, poderia conter a sentença: "Vou fechar minha Jurema", porém, acredito que estamos apenas dando o primeiro passo, descortinando, abrindo esse mundo de Umbanda.

Fica aqui meu eterno saravá para todos. Que sejam abençoados pelo Deus Altíssimo em sua jornada em busca de conhecimento.

Paz, Luz e Saravá!

Bibliografia

KARDEC, Allan. *Livro dos Espíritos*. Petit Editora.

____. *Livro dos Médiuns*. Petit Editora.

____. *O Evangelho Segundo o Espiritismo*. Petit Editora.

____. *O Céu e o Inferno*. Petit Editora.

____. *Gênese*. Petit Editora.

SARACENI, Rubens. *Código de Umbanda*. Madras Editora.

____. *Doutrina e Teologia de Umbanda Sagrada*. Madras Editora.

____. *O Livro do Exu – O Mistério Revelado*. Madras Editora.

____. *O Código da Escrita Mágica Simbólica*. Madras Editora.

____. *Iniciação à Escrita Mágica Divina*. Madras Editora.

____. *Fundamentos Doutrinários de Umbanda*. Madras Editora.

____. *Doutrina e Teologia de Umbanda Sagrada*. Madras Editora.

____. *Rituais Umbandistas – Oferendas, Firmezas e Assentamentos*. Madras Editora.

VIEIRA, Lurdes de Campos. *Manual Doutrinário, Ritualístico e Comportamental Umbandista*. Madras Editora.

OMOLUBA. *Doutrina e Práticas Umbandistas – Cadernos de Umbanda*. Ícone Editora.

____. *Tranca-Rua das Almas – Do Real para o Sobrenatural*. Cristális Editora.

BARBOSA, Ademir Jr. *Curso Essencial de Umbanda*. Ed. Universo dos livros.

SILVA, W.W. da Matta. *Segredos da Magia de Umbanda e Quimbanda*. Editora Ícone.

____. *Lições de Umbanda e Quimbanda na palavra de um Preto-velho*.

PEIXOTO, Roberto; RAMATÍS. *Samadhi*. Ed. do Conhecimento.

MAES, Hercílio; RAMATÍS. *Elucidações do Além*. Ed. do Conhecimento.

____. *Mediunismo*. Ed. do Conhecimento.

____. *Magia de Redenção*. Ed. do Conhecimento.

LEVI, Eliphas. *Dogma e Ritual de Alta Magia*. Madrsa Editora.

LINARES, Ronaldo Antonio; TRINDADE, Diamantino Fernandes; COSTA, Wagner Veneziani. *Iniciação à Umbanda*. Madras Editora.

ARMOND, Edgard. *Métodos Espíritas de Cura – Psiquismo e Cromoterapia*. Aliança Editora.

____. *Métodos Espíritas de Cura* – Passes e Radiações. Aliança Editora.

TEIXEIRA, Antonio Alves Neto. *O Livro dos Médiuns de Umbanda*. Editora Eco.

XAVIER, Francisco Cândido. *Nos Domínios da Mediunidade*. FEB Editora.

____. . *Mecanismos da Mediunidade*. FEB Editora.

____. *Nosso Lar*. FEB Editora.

____. *Os Mensageiros*. FEB Editora.

____. *Há 2000 Anos*. FEB Editora.

____. *50 Anos Depois*. FEB Editora.

MARSICANO, Alberto; VIEIRA, Lurdes de Campos. *A Linha do Oriente na Umbanda*. Madras Editora.

LISANTY, Angélica. *Cristais e os Orixás*. Madras Editora.

LEAL, Otávio. *Estilos de Reiki – Xamânico, japonês, tibetano e cristão*. Editora Alfabeto.

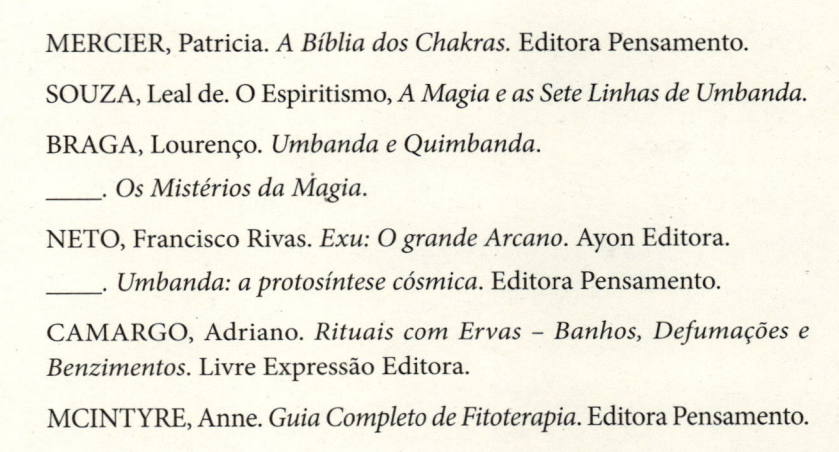

MERCIER, Patricia. *A Bíblia dos Chakras*. Editora Pensamento.

SOUZA, Leal de. *O Espiritismo, A Magia e as Sete Linhas de Umbanda*.

BRAGA, Lourenço. *Umbanda e Quimbanda*.

____. *Os Mistérios da Magia*.

NETO, Francisco Rivas. *Exu: O grande Arcano*. Ayon Editora.

____. *Umbanda: a protosíntese cósmica*. Editora Pensamento.

CAMARGO, Adriano. *Rituais com Ervas – Banhos, Defumações e Benzimentos*. Livre Expressão Editora.

MCINTYRE, Anne. *Guia Completo de Fitoterapia*. Editora Pensamento.

HONERVOGT, Tanmaya. *Guia completo de Reiki*. Editora Pensamento.

Outras fontes de pesquisa:

- Portal do Terreiro de Umbanda Pai Maneco
  http://www.paimaneco.org.br/

- Perdido em Pensamentos – Blog
  http://www.perdido.co

- Casa de Caridade Nossa Senhora Aparecida
  – Material de Estudos, Práticas e Conduta.
  www.facebook.com/ccnsa

Impresso por :

gráfica e editora
Tel.:11 2769-9056